TYPES MILITAIRES D'ANTAN

GÉNÉRAUX ET SOLDATS

D'AFRIQUE

L'auteur et les éditeurs déclarent réserver leurs droits de traduction et de reproduction à l'étranger.

Ce volume a été déposé au ministère de l'intérieur (section de la librairie) en janvier 1885.

OUVRAGES DU MÊME AUTEUR :

Vingt conférences militaires sur la tactique. En vente chez Dumaine, à Paris, 1 volume in-12.

Souvenirs d'un vieux zouave. Téqui, éditeur, 83, rue de Rennes, à Paris, 2 volumes in-12.

TYPES MILITAIRES D'ANTAN

GÉNÉRAUX ET SOLDATS

D'AFRIQUE

PAR

LE CAPITAINE BLANC

PARIS
LIBRAIRIE PLON
E. PLON, NOURRIT et Cie, IMPRIMEURS-ÉDITEURS
RUE GARANCIÈRE, 10

1885
Tous droits réservés

Pourquoi ce livre?

Oui; pourquoi ce livre?

Manie de vieux soldat, dites-vous? — Non. J'obéis à une loi de la nature humaine.

L'exilé qui quitte pour toujours son village s'arrête au point culminant de sa route, et, déposant son sac de voyage, il se retourne vers les lieux de son enfance pour leur adresser un dernier regard, un dernier adieu.

Cette fumée bleuâtre, qui monte perpendiculairement vers les cieux, s'élève du toit paternel et d'un foyer où il ne doit plus s'asseoir. Ces arbres, qu'aucune brise folâtre n'agite, sont ceux de son verger : ils laissent tomber leurs rameaux languissants, comme en signe de deuil de son départ. Il voit le clair ruisseau dans lequel, enfant, il se baignait, les rochers qu'il gravissait, les haies auxquelles il laissait des lambeaux de ses vêtements, l'école où il a appris à lire; l'église où il a été baptisé, où il a fait sa première communion.

Ses yeux se fixent sur le clocher. Est-ce réalité? Est-ce illusion? Il vient d'entendre le son des cloches... Elles sonnent le glas : celui de ses joies, celui de son bonheur, celui de sa vie! Il nomme ces sentiers, ces mares, ces carrefours, ces pelouses, ces blocs de granit : il les connaît bien, ce sont des amis d'enfance. Sa paupière se mouille; de grosses larmes coulent dans les rides de son visage, comme le ruisseau du hameau entre ses rives; il boucle son sac et reprend sa marche vers l'inconnu.

Comme l'exilé du village, je fais ma dernière étape de la vie. Parvenu au point culminant de ma route, je dépose le fardeau de la vieillesse; et, le regard tourné vers le passé, je cherche et je découvre les compagnons de ma vie militaire. Parfois, je ne retrouve pas leurs noms; toujours je reconnais leurs traits; je les vois tels qu'ils étaient dans leur jeunesse; car, chose vraiment remarquable, plus leur image s'éloigne dans le passé, plus elle m'apparaît nette et lumineuse. Je vois mieux mes camarades d'il y a cinquante ans que ceux d'il y a vingt ans. C'est à croire qu'avec l'âge, la mémoire devient presbyte comme la vue.

Les *Types militaires d'antan* sont le produit

de ces impressions qui, pour ainsi dire, ressuscitent à un moment donné et veulent être traduites.

Je fais revivre les mœurs anciennes de l'armée, en rapportant la vie intime du soldat d'alors, par le récit de mes propres débuts dans la carrière.

Je fais encore autre chose : je complète la galerie d'esquisses que j'ai ouverte dans mon livre, *Souvenirs d'un vieux zouave,* édité — il y a peu d'années — par l'*OEuvre de Saint-Michel*.

Dans mes *Souvenirs,* j'ai raconté la guerre d'Afrique de 1835 à 1853, et mêlé à mon récit le portrait des principaux hommes de guerre sortis de cette grande école.

Dans les *Types,* je mentionne les événements sans m'y arrêter, et uniquement pour en faire sortir quelques-uns des héros ignorés auxquels plus d'un général a été, de tout temps, redevable en partie de ses succès et de sa gloire.

Cet album, que j'offre à mes camarades de la jeune armée, ne contient que des portraits-cartes, mais ils sont ressemblants, ayant été pris sur le vif, dans le mouvement, dans l'action.

Les bons bourgeois qui l'ouvriront y verront

des têtes originales ; les vieux officiers en reconnaîtront plusieurs ; les jeunes y trouveront des modèles ; les uns et les autres les honoreront, comme l'antiquité païenne dressait des autels aux dieux inconnus : DIIS IGNOTIS.

Capitaine BLANC.

TYPES MILITAIRES D'ANTAN

GÉNÉRAUX ET SOLDATS
D'AFRIQUE

CHAPITRE PREMIER

Mes débuts. — Le 2ᵉ léger. — Les officiers. — Les sous-officiers. La chambrée. — L'exercice.

Le 12 juillet 1833, je signais à la mairie de ma commune mon acte d'engagement volontaire. Quatre jours après, j'étais transformé de *muscadin* — c'était alors l'époque des *muscadins* — en chasseur du 2ᵉ léger, c'est-à-dire que j'étais un vulgaire *pioupiou;* mais nous autres, gens de la *légère,* nous nous appelions *chasseurs* pour ne pas être confondus avec les *fusiliers* de la ligne, bien qu'il n'y eût, entre la légère et la ligne, qu'une différence dans la couleur du collet, des parements et des boutons : collet et parements jaunes, boutons blancs chez nous ; collet et parements rouges, boutons jaunes chez les autres.

Me voilà donc chasseur au 2ᵉ léger.

Le 2ᵉ léger! régiment sans tache. — Tous les régiments sont sans tache, — grâce au tripoli et à la terre de pipe... s'empressait-on d'ajouter. — A la distance de cinquante ans, je reconnais que le 2ᵉ léger méritait la place distinguée qu'il occupait dans l'opinion militaire. La réputation qu'il avait à la division Castellane, division active des Pyrénées-Orientales — réputation acquise à l'expédition d'Alger (1830) — ne fit que grandir et se consolider dans les brillantes campagnes de 1835 à 1841 sur le sol africain, où il était revenu.

Ses cadres, en officiers et sous-officiers, étaient vraiment remarquables, bien qu'ils se composassent d'éléments hétérogènes et disparates quelquefois jusqu'à l'antagonisme.

Le 2ᵉ régiment d'infanterie légère n'était autre, en effet, que l'ancienne légion des Basses-Alpes, à laquelle la répartition de la garde royale dans l'armée de ligne, après la révolution de 1830, avait infusé un sang nouveau et non moins généreux que le sien. Rentré en France, peu de temps après la conquête d'Alger, le 2ᵉ léger avait reçu un fort contingent de sous-officiers, caporaux et soldats de la garde, en même temps que Saint-Cyr lui envoyait un joli groupe de jeunes officiers.

De même que deux rivières, après s'être jointes,

coulent longtemps ensemble sans mêler leurs eaux, les deux éléments humains, réunis sous le drapeau du 2ᵉ léger, marchaient sans se confondre, partout ailleurs que dans le service. Sous les armes, impossible de les distinguer l'un de l'autre; les rangs rompus, on reconnaissait les vieux de la légion des Basses-Alpes à leur roideur, à leur air renfrogné et aussi à leur dureté dans le commandement.

Les jeunes, au contraire, avaient toujours l'air dégagé des gens du monde, un grand entrain et quelque chose d'amical dans leurs rapports avec leurs subordonnés.

Tels étaient les maîtres qui allaient m'enseigner l'art difficile d'être soldat. Je ne donnerai pas la liste des officiers, sachant que j'aurai à en nommer le plus grand nombre dans le cours de mon récit. Il me suffira, pour le moment, de dire que les *vieux* obéissaient au mot d'ordre du commandant Dhur-Laborde et du capitaine adjudant-major Chassepoul, tandis que les *jeunes* suivaient l'impulsion du commandant d'Arbouville et du capitaine Changarnier.

*
* *

C'est fait : j'ai couché et mangé à la caserne : c'était le plus dur. Ne vous récriez pas, jeune homme : c'était dur, très-dur même, pour un petit monsieur qui, jusque-là, n'avait eu que les aises de la vie. Car nous n'étions pas gâtés dans l'armée de 1830 ; le gouvernement d'alors n'avait pas encore trouvé le confort que ses successeurs ont prodigué à nos conscrits. Nous n'avions pas chacun notre lit en fer, ni chacun notre petite gamelle, bien propre, bien fermée, tenant notre soupe chaude et la préservant, par son couvercle, de toute addition de poussière au poivre dont la main généreuse du cuisinier saupoudre la ration. Nous couchions à deux sur des tréteaux ; on ne nous disait pas de choisir notre camarade de lit ; on nous le désignait : c'était au petit bonheur. Je n'eus pas à me plaindre du hasard, car je tombai sur un remplaçant des environs de Perpignan, excellent garçon, propre et discret, qui se prit d'une vive amitié pour moi, et me rendit un tas de petits services que mon inexpérience me faisait apprécier très-fort.

Quant à la soupe, nous la mangions dans des gamelles à sept ou à cinq — heureux ceux qui pouvaient, au roulement, attraper une de celles-ci ! — Il y avait encore là une manœuvre, un exercice à apprendre : la portion de viande enlevée, planter toujours sa cuiller au même endroit sans qu'elle obliquât à droite ou à gauche, afin de ne pas empiéter sur le *trou* du voisin. La cuiller remplie, faire un pas en arrière avant de la porter à sa bouche... vous devinez pourquoi.

— C'était dur, ai-je dit; oui, mais quelle camaraderie entre gens dont les corps et les cuillers étaient constamment en contact, au lit et à la gamelle !

Je puis, ce me semble, me dispenser de parler du coucher de la chambrée; les habitudes d'aujourd'hui doivent être, sur ce point, les mêmes que celles d'autrefois. Il doit y avoir toujours ces conteurs patentés qui, moyennant la goutte à payer le lendemain par un camarade cossu, vous enfilent, après le solennel *Cric! crac! Sabot! Cuiller à pot!* une série d'histoires insensées dont le héros est toujours un troupier et l'héroïne une superbe princesse, quand ce n'est pas une reine. J'ai bien souvent payé la goutte au narrateur : c'était mon troubadour à moi; j'étais un châtelain généreux.

Mais la diane s'est fait entendre; elle est suivie du rappel. « Allons, jeune homme, votre giberne, votre fusil... à l'exercice ! » Ainsi daigna me parler mon caporal d'escouade; je pris mon rang.

Je ne restai qu'une demi-heure au plus aux recrues. Au bout de ce temps, notre sergent s'en alla dire quelques mots à l'officier chargé de notre instruction, puis il revint, me fit sortir du rang et me conduisit à ma compagnie, où je me plaçai crânement. Je passais d'emblée au bataillon, tandis que mes camarades ouvraient de grands yeux et se demandaient quel était ce mystère.

Ce mystère était bien simple, et en voici l'explication.

A la révolution de 1830, un accès de fièvre militaire s'empara de la nation française. On crut, ou l'on feignit de croire à une guerre prochaine ; la garde nationale fut organisée jusque dans les moindres hameaux ; dans toutes les villes de garnison, des officiers furent chargés de l'instruction des soldats citoyens ; c'était une rage, une fureur ; tout le monde voulait en être. Des élections eurent lieu pour les grades ; on vit de vénérables notaires nommés chefs de bataillon, et des gamins sous-officiers. J'étais de ceux-ci ; la 2ᵉ compagnie de mon bataillon m'avait élu fourrier à l'unanimité.

De ce jour, j'étais soldat. Né dans un régiment commandé par mon père, toujours fourré, dans mon enfance, parmi les tambours, les *cornettes* et les troupiers, passionné pour les exercices du corps, nageant comme un canard, grimpant comme un écureuil, heureux lorsque, trouvant un cheval au pâturage, loin des yeux du fermier, je pouvais sauter sur son dos et lui faire faire un temps de galop à travers champs et prairies ; toujours le fleuret, le sabre de bois ou la canne à la main, je trompais les vues de mes parents qui, voulant faire de moi tout autre chose qu'un militaire, avaient poussé mes études jusqu'au baccalauréat inclusivement.

On comprend qu'avec ces dispositions d'esprit et ces aptitudes physiques, je devais me jeter à corps perdu dans la garde nationale d'abord, et, bientôt après, dans l'armée. C'est ce qui arriva, et ce qui explique pourquoi je ne restai que quelques minutes aux recrues. Cette révélation de mon mérite me valut l'admiration de mes camarades et l'estime de mes chefs. Je n'étais pas un *bleu;* j'étais un soldat; je montai la garde et fis faction.

CHAPITRE II

Avancement. — Le capitaine Changarnier. — Le lieutenant Forey.
— Mes sergents.

A mes six mois de service, terme réglementaire, je fus nommé caporal; un mois après, je passai aux *carabiniers* — c'est ainsi que, dans l'infanterie légère, on désignait les *grenadiers,* absolument et sans plus de raison que les hommes des compagnies du centre s'appelaient, ici, *fusiliers,* là, *chasseurs.* Seuls, les *voltigeurs* avaient la même appellation dans la légère que dans la ligne. Dans l'une et l'autre arme, leur fusil était plus court que le nôtre, et ses capucines étaient en cuivre, ainsi que le pontet et la plaque de couche.

C'était une sorte de double avancement que je recevais coup sur coup; et, en passant aux carabiniers, j'entrais à l'école supérieure du soldat.

Dans tous les régiments, les compagnies d'élite étaient fort ambitionnées; c'était, pour les soldats et les sous-officiers, une distinction et une haute paye; pour les officiers, une sorte de sinécure. De grade en grade, le supérieur se reposait sur son subordonné de l'exécution des ordres et de la bonne tenue de la compagnie, et cette confiance n'était presque jamais trompée, tant étaient grands le respect du métier, l'amour-propre et le sentiment de la responsabilité.

Des six compagnies d'élite du 2ᵉ léger, la plus convoitée était celle des carabiniers Changarnier. Cette préférence s'expliquait par la composition véritablement hors ligne de son cadre.

Son capitaine se distinguait entre tous les officiers par son élégance native, la correction de sa tenue, sa politesse exquise, sa bonté envers ses subordonnés, bonté qui s'alliait parfaitement avec sa fermeté dans le service. On vantait sa bravoure chevaleresque et on lui faisait une auréole de ses duels nombreux et heureux.

Nous ne voyions notre capitaine dans le casernement que les jours de revue des chambres. Aux prises d'armes, il arrivait au moment de l'appel; l'officier de semaine lui présentait la compagnie, et tout était dit, à moins qu'il n'eût à faire à l'officier un compliment, que celui-ci reportait toujours sur les sous-officiers.

Notre lieutenant, M. Forey, était ce que l'on appelle un troupier parfait. Aucun officier, sorti des rangs, ne maniait mieux un fusil et n'avait un meilleur commandement que cet élève de Saint-Cyr. Aucun détail ne lui était inconnu, il n'était étranger à aucun ; nous étions enchantés, lorsqu'il prenait le commandement d'une leçon de l'école de peloton, parce que nous manœuvrions alors de manière à nous faire applaudir.

Comme dans la garde! C'était le mot d'ordre donné par nos sergents. Dans les marches, dans les manœuvres, aux inspections, jusque dans les chambres, on entendait éclater ou murmurer ce mot : *Comme dans la garde!*

C'est qu'ils sortaient de la garde, ces quatre sergents dont je salue respectueusement la mémoire ; deux d'entre eux en sortaient deux fois, puisque, avant d'entrer dans la garde royale, ils avaient été dans la garde impériale aux derniers jours de l'Empire.

Leurs noms sont là sous ma plume, comme leur énergique et bon visage dans ma mémoire. Ils s'appelaient Berthalay, Mongeot, Martinet et Dutertre. Qu'on me permette de m'arrêter un instant aux deux premiers.

Berthalay était Provençal. A peine entré au service, il était passé dans la jeune garde, et il fut décoré à Montmirail. Grave, silencieux, taciturne même, il était l'homme des détails, passant constamment dans les chambres, s'arrêtant vingt fois devant le même lit, devant les mêmes effets, et paraissant contrarié de n'y rien trouver à redire. Les samedis — jours de *Saint-Frottin* — étaient marqués d'un caillou blanc par Berthalay; mais aussi, comme il était victime de sa passion pour l'astiquage ! Que de tours nous jouions à notre brave sergent ! En voici un dont je l'ai rendu bien souvent victime, sans que jamais il s'en soit douté.

*
* *

Nous avions, à cette époque, d'immenses gibernes suspendues à la chute des reins par un large baudrier qui, se croisant sur la poitrine avec le non moins large baudrier du sabre, formait cette charmante croix de Saint-André sous laquelle notre poitrine était oppressée. En même temps, notre gorge râlait, étranglée par le col en crin et le collet de l'habit droit et agrafé, et notre tête éclatait sous le poids de l'énorme shako conique.

Cette giberne était recouverte d'une patelette en cuir rigide. Un des grands mérites du soldat consistait à avoir cette patelette brillante et unie comme une glace. On passait des heures, la cire, le bouchon de liége, le linge fin à la main, à frotter et astiquer cette patelette de malheur, et l'on réussissait plus ou moins bien, selon qu'on était plus ou moins habile et patient.

Pendant cette soirée d'astiquage, mon camarade Alexandre, colosse bon enfant et sortant lui aussi de la garde royale, nous chantait — nous mugissait serait plus juste — la chanson du fourniment. Il y avait un couplet pour chaque pièce. Celui de la giberne commençait ainsi :

> C'est par toi, charmante giberne,
> Que, d'abord, j' vas commencer,
> Toi que l'on n'a jamais *vu* terne,
> Et que d'dans on pourrait s' mirer, etc.

Puis venait le sabre :

> Sabre d'amour, sabre de gloire, etc.

Puis le fusil ; enfin le sac, dont les derniers vers sont ceux-ci :

> Tu contiens la belle chemise,
> Et le pantalon drap d'officier,
> Et les mouchoirs *que* la payse
> Fit présent à son grenadier.

Mais revenons au sergent Berthalay et au piége dans lequel il ne manquait jamais de tomber.

Quand je le voyais entrer dans notre chambre, j'abandonnais vite la pièce que je tenais en main, et je prenais ma giberne placée à portée pour le cas certain de son apparition. Alors, je frottais avec la cire, avec le bouchon, dans une tranquillité parfaite de conscience. Arrivé à moi, Berthalay s'arrêtait, —

car il m'aimait beaucoup, cet excellent sergent, — mais je me gardais bien de lever les yeux. Deux minutes après, je l'entendais grogner :

— Si ça ne fait pas pitié!... Et c'est un bachelier, ça!... Et qu'est-ce qu'on lui a donc appris, à ce moutard? Pas même capable d'astiquer une giberne...

Alors, paraissant sortir de mes préoccupations, je lui répondais :

— Que voulez-vous que j'y fasse, sergent? Je travaille tant que je le puis, et quand je crois avoir réussi, j'aperçois des raies de la cire ou des ombres du bouchon.

— C'est que vous vous y prenez mal.

— Je fais de mon mieux...

Et reprenant mon bouchon, je frottais à tour de bras.

— Pas comme ça, maladroit! Pas comme ça! Tiens, regarde...

Et le sergent me prenait des mains giberne, cire, chiffon, bouchon de liége. Le lendemain, j'avais la patelette la plus belle de la compagnie,

...Et d'dans on pouvait s' mirer.

Il avait des manies, cet excellent grognard, et ses chefs, depuis son sergent-major jusqu'à son colonel, leur laissaient libre cours, tant était grande la considération qu'on avait pour lui.

Berthalay envoyait à ses nièces pauvres son traitement de légionnaire. Quant à son prêt — relativement convenable, vu ses trois chevrons — il n'en prenait juste que ce qu'il fallait pour payer sa pension. Le reste, il le mettait dans un des deux souliers suspendus à la tête de son lit. Cela durait un mois, deux mois, quelquefois plus. Pendant ce temps-là, Berthalay ne quittait pas la caserne.

Un beau jour... Où est Berthalay?... Tiens, il a manqué à l'appel, il a découché... N'y faites pas attention... Son soulier était plein... Trois ou quatre jours après, le sergent rentrait, comme s'il venait simplement de se promener, et il n'était question de rien. Chose digne de remarque : il ne faisait ses fugues que dans le courant de la semaine; il était toujours en *remplacement*, les dimanches et les jours de prise d'armes.

Berthalay avait une belle montre en or, et cette montre lui sauva la vie.

CHAPITRE III

La montre du sergent Berthalay.

Pour raconter comment la montre du sergent Berthalay — une belle et grosse montre en or — sauva la vie à son propriétaire, il nous faut donner un accroc à la chronologie et devancer les événements, car c'est en 1837, au lendemain de la prise de Constantine, qu'eut lieu cet heureux sauvetage, et nous ne sommes encore qu'en 1834, toujours à la division Castellane. Mais c'est une silhouette à finir, la nécessité servira d'excuse à l'anachronisme.

Le sergent Berthalay avait vingt-six ans de service sonnés, lorsque le régiment fut envoyé en Afrique. Le colonel décida d'abord que le vieux brave resterait au dépôt; mais Berthalay en montra un tel désespoir, il fut si énergique dans ses protestations, il répéta si souvent et si douloureusement son mot : « Moi déshonoré! » qu'on revint sur le premier ordre et qu'il partit avec nous. Il supporta bien les premières expéditions, mais à la deuxième de Constantine, ses forces l'abandonnèrent; son tempérament faiblit, là où de bien plus jeunes succombaient ; la pluie, la neige, la boue, la fatigue, la faim, le froid brisèrent ce corps de fer, cette énergie indomptable, le sergent dut entrer à l'ambulance, et son état devint bientôt désespéré. C'était au point que lorsque, au départ de la division de Nemours pour Bône, on emmena tous les malades transportables, il fut question de le laisser à Constantine. Vivement sollicité par nos officiers, le colonel de Lamoricière, sous les ordres duquel notre bataillon était placé, voulut bien intervenir, et notre pauvre et cher Berthalay partit avec nous.

L'évacuation des malades et des blessés se fit dans des caissons du train des parcs, qu'on avait fait venir, pour cet objet, en assez grand nombre, de Bône et de Guelma. On en avait calfeutré les interstices et garni le fond d'une bonne couche de paille. Les malades y étaient étendus par quatre ou par six, suivant la gravité de leur état. Une compagnie était, chaque jour, de garde à l'ambulance ; le prince général ne manquait pas d'aller la visiter au moins une fois, à toutes les grandes haltes. Malgré cette sollicitude et les soins dévoués des médecins, la mortalité était grande dans le lugubre convoi. Chaque matin, une heure avant la diane, une fosse était creusée entre les caissons, et l'on y couchait les morts de la nuit. La compagnie de garde aidait à cette triste besogne; j'en fus une fois, et ce spectacle m'émut bien plus vivement que celui des centaines de blessés et de mourants sur la brèche de Constantine.

Un matin, l'homme — infirmier ou médecin — qui faisait la visite des malades, fit entendre ces mots : « Le vieux sergent est mort. » D'autres hommes arrivèrent; ils tirèrent Berthalay du caisson et l'étendirent sur le bord de la fosse. L'officier commandant la compagnie — c'était encore, ce jour-là, notre bataillon qui la fournissait — s'approcha : le sergent était immobile, rigide comme un cadavre; c'en était fait : il était mort, et l'officier s'éloigna de quelques pas, suivant du regard, à la lueur vacillante d'un feu de bivouac, la scène de l'enterrement. D'autres cadavres furent apportés, et les infirmiers commencèrent à les dépouiller de leurs habillements.

Notre officier ne perdait pas de vue le sergent Berthalay. Il vit un infirmier s'en approcher, jeter un regard scrutateur autour de lui, et porter sa main au gousset de montre. En même temps, une autre main saisit celle de l'infirmier; cette main... c'est celle de Berthalay, la main du mort. L'officier bondit : — Misérable!... — Mon lieutenant, c'était pour l'envoyer à sa famille.

L'officier est stupéfait d'un si audacieux aplomb; mais d'autres soins le réclament. Il appelle un médecin; le sergent n'était pas mort, et on allait l'enterrer; incapable de parler, n'y voyant plus, il se serait laissé jeter dans la fosse commune, n'ayant pas conscience de ce qui se passait autour de lui ; mais on avait touché à sa montre ; ce contact l'avait réveillé de sa léthargie, sa montre l'avait sauvé.

*
* *

A partir de ce moment, Berthalay, rappelé à la vie, fut porté sur une civière par les hommes du bataillon. Une section était désignée chaque jour pour ce service. Les porteurs se relayaient toutes les demi-heures, et leurs sacs, ainsi que leurs fusils, étaient placés sur les prolonges.

Notre vieux camarade se remit assez vite à l'hôpital de Bône et nous rejoignit, un mois après, dans la plaine de la Mitidja, toujours aussi roide dans le service, aussi ponctuel dans l'accomplissement de ses devoirs, et plus amoureux que jamais de sa montre. Il ne nous quitta qu'à la rentrée du régiment, en marquant sa dernière étape militaire par un trait qui manquerait à sa physionomie, si nous ne le tracions sur cette esquisse.

Vers la fin de 1840, le gouvernement fit rapporter de Sainte-Hélène à Paris les cendres de Napoléon, pour les placer aux Invalides. Quatre compagnies d'élite du 2ᵉ léger, formées en bataillon, furent désignées pour représenter l'armée d'Afrique à cette imposante cérémonie; Berthalay en était. A partir de Toulon, la route se faisait par étapes, et nos compagnies recevaient le plus sympathique accueil des populations, chez lesquelles les journaux avaient porté le récit des brillants faits de guerre du 2ᵉ léger. A Orange, ce furent les sous-officiers du bataillon en garnison dans cette ville qui fêtèrent leurs camarades. C'est dire que l'on mangea beaucoup et que l'on but encore plus.

Berthalay, que personne n'avait jamais vu en ribote, se laissa prendre à ces *nôpces et festins*. Il se grisa, mais complétement, et son ivresse prit un caractère furieux. Un souvenir traversa son cerveau ébranlé; il se rappela qu'en 1815, après Waterloo, traversant Orange, lui soldat licencié, pour se rendre dans son pays, il avait été insulté, hué par la populace à laquelle le désignait son uniforme de la garde impériale, et poursuivi à coups de pierres par les femmes et les enfants. Un quart d'heure il resta morne, immobile, silencieux, les coudes sur la table, la tête dans les mains. — « Le vieux en a
« assez, se disaient ses camarades; il cuve *sa cuite*,
« laissons-le tranquille. » Et les chansons défilaient aussi vite que les litres.

Tout à coup, Berthalay sort de son engourdissement; il se lève brusquement, comme mû par un ressort; il décroche son sabre et, le dégaînant, il s'élance dans la rue, en criant : — Il faut que j'en tue un !

Le premier moment fut de la stupeur; on ne devinait pas, on s'interrogeait du regard ; mais le geste et le mot avaient un sens trop significatif pour ne pas être bientôt compris. Nos amis coururent après Berthalay, dont le vin alourdissait heureusement la marche, et le désarmèrent au moment où tous les bourgeois fuyaient devant son sabre.

Arrivé à Paris, Berthalay fut exempté de tout service, en attendant sa retraite. Oncques n'ai plus eu de ses nouvelles.

CHAPITRE IV

Le sergent Mongeot.

Le sergent Mongeot était au sergent Berthalay ce que Démocrite était à Héraclite. Tandis que la bouche de Berthalay ne s'ouvrait que pour laisser sortir un ordre, un reproche ou une punition, celle de Mongeot s'épanouissait dans un rire bruyant et presque toujours gouailleur. La moustache d'Héraclite Berthalay était coupée assez court, dure, serrée comme l'enveloppe d'un hérisson; celle de Mongeot était fine, ondoyante et frisottée à ses bouts. Tandis que Berthalay se glissait en quelque sorte dans les chambres de sa section et ne révélait sa présence que par quelque gourmade, Mongeot entrait bruyamment dans les siennes, et recommandait la gaieté dans le travail.

« De l'entrain, mes enfants, de l'entrain! Comme
« dans la garde! Allons! Une chanson!... Vous, là-
« bas, commencez : les autres répéteront. Comme
« dans la garde, morbleu! »

C'est surtout dans les marches militaires que

brillait l'entrain du sergent Mongeot. Gai ou ennuyé, dispos ou fatigué, on devait chanter. C'était trop pour lui de dix minutes de silence : sa voix suraiguë s'élevait au milieu du bruit sourd du pas cadencé : « — Eh bien! Et la chanson! Est-ce que « nous dormons?... Personne ne dit mot? Adjugé. « Je vais commencer. Voulez-vous le *Conscrit?*
« — Oui! oui! le *Conscrit!* » répondait la compagnie, et Mongeot commençait :

> Il était un conscrit de Corbei*lle*
> Qui n'avait pas son parei*lle;*
> Il filait bonnets et bas,
> Bonnets et bas,
> Ah! ah! bonnets et bas.
> Il filait bonnets et bas,
> Devant l'en'mi il ne filera pas.
>
> *Deuxième couplet.*
>
> Si Jeannette venait m' demander,
> Dites-lui que j'suis engagé;
> Qu'elle me garde son cœur, sa foi,
> Son cœur, sa foi,
> Ah! ah! son cœur, sa foi.
> Qu'elle me garde son cœur, sa foi,
> Si ça se pouvait tout'foi*s.*

Et quinze, vingt couplets comme cela, à la suite les uns des autres, la compagnie répétant les deux derniers vers.

Oh! il était bien garni, le sac aux chansons du sergent Mongeot, mais le *Conscrit* était le morceau de choix, concurremment avec la *Journée du soldat,* dont le premier couplet me revient à la mémoire :

> Voici donc venir l'aurore,
> La diane retentit;
> On dormirait bien encore,
> Mais il faut sauter du lit.
> Tandis que plus d'une belle
> Se colore de carmin,
> Nous prenons à la *fontaine*
> La fraîcheur de notre teint.
> . . . .
> . . . .
> L'un sachant qu'il est de garde,
> En fin matois, le matin,
> Fait remettre au *corps de garde*
> Son nom pour le médecin. . .
> . . . .

La rime n'est pas riche ; mais la richesse ne fait pas le bonheur. Ces chansons ne valent certes pas les *Chants du soldat,* de M. Deroulède ; mais ceux-ci ne se chantent qu'au piano, dans les salons, et il y a apparence aussi qu'elles n'ont pas rapporté à leurs auteurs autant de pièces de vingt francs que notre distingué camarade en a retiré des siennes. En tout cas, elles sont à mille piques au-dessus des : *Ma capote a deux boutons,* ou *Monsieur le curé n'a pas de souliers,* et autres stupidités ordurières que chantent aujourd'hui nos soldats, surtout en traversant les villages, au grand scandale des habitants accourus sur leur passage. De notre temps, nous mettions la baïonnette au canon, nous serrions les rangs, et les tambours remplaçaient les chanteurs. Nous saluions le village.

Il est vrai que l'armée d'alors n'était pas démocratisée.

*
* *

La dissemblance d'habitudes et de caractère entre ces deux types de sergents provenait de leur différence d'origine. Berthalay était un provincial des Alpes; Mongeot était Parisien. Le premier avait conservé quelque chose de la rudesse de ses montagnes, le second n'avait pas dépouillé le gavroche de la montagne Sainte-Geneviève ou des Buttes-Chaumont. Berthalay avait du bon sens; Mongeot avait de l'esprit. Son instruction primaire n'avait été que trop sommaire, et la lecture des romans, à laquelle il consacrait ses loisirs, lui avait farci la tête d'un tas d'expressions qu'il avait mal digérées et que, naturellement, il rendait fort mal. Voici deux ou trois mots de lui, qui nous feront comprendre.

C'était à Perpignan, pendant une inspection générale. On en était à la revue de détail; les effets de linge et chaussure s'étalaient aux pieds de chaque homme, rangés suivant la formule; le général Castellane passait. Arrivé au sergent Mongeot, il jette à peine un regard sur ses effets, mais ce regard suffit pour lui faire voir qu'au lieu d'une *patience* en bois, pour astiquer les boutons, le sergent en avait une en fer.

« — Eh! eh! sergent Mongeot, lui dit-il en sou-
« riant, et d'un ton bienveillant, — car il témoi-
« gnait d'une véritable considération pour nos vieux
« sous-officiers, — vous avez là une patience solide.

« — Ah! mon général, il faut bien qu'une patience
« soit solide pour résister à trente ans de service.

« — Bravo! » fit le général, dont le sourire se changea en un rire franc et sonore.

Voilà pour l'esprit. Quant au cœur, le fait suivant donnera une idée de sa délicatesse.

Un nouveau général de brigade venait de nous arriver, c'était M. le baron de Saint-Joseph, homme charmant à tous égards. Il passait sa première revue, s'arrêtant non-seulement aux officiers pour leur dire quelques mots, mais encore devant les sous-officiers qui se distinguaient du commun. La superbe attitude de nos sergents chevronnés, décorés, le frappa, et s'adressant à Mongeot, il l'interrogea sur ses services et ses campagnes. Au cours de cette conversation, il eut la distraction — ou la malencontreuse idée — de lui demander s'il avait remplacé.

A cette question, on vit Mongeot tressaillir comme s'il avait été frappé d'une commotion électrique; il pâlit affreusement; on voyait qu'il voulait parler,

mais aucun son ne pouvait sortir de sa gorge étranglée. Après une minute d'un silence pénible, les yeux injectés par la fureur, il parvint à parler :
« Mon général, dit-il au baron de Saint-Joseph,
« sachez bien que je n'ai jamais remplacé que ceux
« qui sont tombés devant moi! »

Cette scène impressionna vivement le cortége du général et le général lui-même, homme charmant, avons-nous dit, qui chargea le colonel de dire ses regrets à Mongeot.

Ce n'est pas que les remplaçants formassent une classe honnie et méprisée dans une armée où on les comptait par milliers. La société considérait le remplacement comme une chose non-seulement utile, mais nécessaire ; les familles pauvres d'argent et riches d'enfants y trouvaient une ressource précieuse; pour un remplaçant mauvais, on en trouvait neuf de bons sur dix; c'étaient des soldats propres, obéissants, résignés à la condition qu'ils avaient acceptée souvent par esprit de sacrifice, par dévouement à leurs parents. — Je ne parle pas des remplaçants au corps, mais de ceux venant de leur pays. Malgré cela, généralement dans les régiments, absolument au 2ᵉ léger, aucun ne devenait sous-officier, à moins de s'être rengagé une ou deux fois... et encore!

Il nous reste à donner un spécimen des coq-à-l'âne que produisaient chez notre bon et brave sergent une instruction à peine ébauchée et des lectures mal digérées. Le voici, pris entre mille.

***

Après les dures journées du Boudouaou (1838), les blessés furent transportés à l'hôpital du Dey, à Alger. Dans le nombre se trouvait un sergent nommé Armaingue, qui avait reçu une balle à la tête. Tombé comme foudroyé, on le croyait mort, et son capitaine ordonnait d'enlever ses armes et ses munitions, en abandonnant le cadavre qu'il ne fallait pas songer à emporter, les cacolets étant encombrés et les Arabes nous serrant de très-près.

Armaingue n'était qu'étourdi, quoique très-grièvement blessé, et il eut la force de lever un bras, en signe de protestation. Bien lui valut : quatre hommes furent détachés de la ligne des tirailleurs pour le porter en avant, car ceci se passait à l'extrême arrière-garde.

Quinze jours après, le général Rhulière, gouverneur général par intérim, visitait les blessés de Boudouaou. Accompagné de tout le personnel médical et administratif de l'hôpital, il allait d'un lit à l'autre, s'arrêtant à chacun pour interroger le malade et lui adresser quelques paroles d'encouragement.

Arrivé à Armaingue, il lui fait la question d'usage :

« Et vous, mon ami, comment allez-vous? quel est votre blessure? » Pas de réponse : le malade se borne à agiter une main de droite à gauche, de gauche à droite. Le médecin en chef allait intervenir, lorsqu'un sergent se glisse à travers le groupe d'officiers et se campe résolûment à côté du général. C'était le sergent Mongeot, de planton ce jour-là à l'hôpital, et chargé, en cette qualité, d'assister au pesage de la viande, à la distribution des portions, à la garde de la marmite où se faisait le bouillon et dont la clef lui était confiée.

Ce sergent de planton devait, en outre, accompagner le capitaine de visite dans son inspection de l'hôpital; et c'est en vertu de ses fonctions spéciales que Mongeot marchait à la queue du cortége officiel du général Rhulière.

Nous avons vu que, de la queue, il était passé prestement à la tête. Là, sans laisser au médecin le temps d'ouvrir la bouche et s'adressant au général, la main à la visière de son képi : « — Voici, mon général, lui dit-il, c'est mon camarade Armaingue, sergent comme moi au 2º léger. Il vous fait signe qu'il ne vous entend pas.

— Est-ce qu'il est sourd?

— Oui, mon général, par l'effet d'une balle qui lui est entrée par l'anus et ressortie par l'oreille droite.

— Fichtre, quel trajet! »

Et tout le monde de rire avec le général.

Mongeot avait voulu dire : « par la nuque ».

Soldat de la même époque que son camarade Berthalay, le sergent Mongeot prit sa retraite à peu près en même temps que lui, et je n'en sais plus rien à partir de cette époque.

Ce serait à n'en plus finir, si je voulais dépeindre tous les types du 2ᵉ léger, depuis le tambour-major Folly, qui assomma deux Arabes avec la pomme de sa canne, jusqu'au sergent cantinier, Gendre, à qui deux coups de sabre suffirent pour tuer sa femme et un musicien, qui le croyaient à son poste de la porte Canet à Perpignan. Mais il faut arrêter ici ce chapitre, sauf à le reprendre plus tard. Je saisis néanmoins avec plaisir cette occasion de constater la franche camaraderie qui existait entre tous ces bons et braves soldats.

Il y avait cependant un point où ils n'étaient pas unanimes, c'était à propos de l'alignement.

Ainsi, pendant que certains disaient aux hommes : Rentrez, ou : Sortez *peuz à peuz*, d'autres leur recommandaient d'avancer ou de reculer *peut à peut*.

A part cela, accord parfait.

CHAPITRE V

La discipline. — Les duels. — Les duellistes.

La discipline s'exerçait par ses agents inférieurs, c'est-à-dire par les caporaux et les sergents. Les sergents-majors se mettaient déjà au-dessus des détails. A leur retour du rapport, ils réunissaient les sergents et leur en transmettaient les parties les concernant, ainsi que les ordres du capitaine, et tout était dit. Les sergents en faisaient leur affaire, et elle était bien faite, surtout dans les compagnies d'élite. Aux carabiniers Changarnier, où j'ai été successivement caporal, fourrier, sergent-major, j'ai trouvé, dans ce dernier grade, chez mes sergents, le même zèle, le même amour-propre, que lorsque j'étais leur subordonné. Caporal, je ne laissais rien faire à mon sergent; sergent-major, mes sergents se chargeaient de tout; ils se seraient crus humiliés, si je m'étais mêlé de leurs demi-sections.

Quant aux officiers, celui-là seul qui était de semaine venait chaque jour dans les chambres; le capitaine n'y paraissait que dans les circonstances solennelles. Sa présense était un événement et produisait la même impression que celle du colonel. Ces messieurs auraient cru déroger en entrant dans des détails au-dessous de leur grade et attribués par le règlement à leurs subordonnés; ils couvraient tout le monde de leur responsabilité, et chacun, en particulier, avait conscience de celle qui lui incombait personnellement.

Un seul capitaine faisait exception et paraissait ne pas comprendre que chaque jour, en passant des heures entières à la caserne, il perdait de son prestige, en même temps qu'il entravait l'action de son cadre de sous-officiers et caporaux — Il s'appelait de Montredon, et nous le retrouverons dans le cours de mon récit.

Son sergent-major, fort ennuyé d'être constamment dérangé de son travail, chercha longtemps un moyen de se débarrasser de ses obsessions, et voici celui qu'il finit par trouver.

Sachant que M. de Montredon avait une si profonde horreur de l'ail, que sa simple odeur lui donnait des nausées, il imagina d'en faire frotter la rampe de l'escalier conduisant au deuxième étage de la caserne où la compagnie était logée. C'était une infection. Le premier jour, le capitaine s'arrêta au rez-de-chaussée, comme suffoqué, mais il eut la force de gravir les deux étages, se disant que ce n'était, sans doute, qu'un accident passager. Le lendemain, même histoire, même peste : « Qui diable fait donc brûler ainsi de l'ail? »... Il est brave; il monte encore. Le troisième jour, il est vaincu; il bat en retraite et ne reparaît plus de huit jours. Le remède avait opéré, M. de Montredon était guéri pour toujours.

Quel ordre! Quelle discipline dans toute l'armée d'alors! Quel respect pour l'autorité! Ce n'est pas dans ce temps-là qu'on eût vu, comme de nos jours, des sous-officiers et même des soldats assis dans les mêmes salles de café ou de restaurant que des officiers, ou bien, au théâtre, dans des fauteuils d'orchestre, voisins de ceux de leur commandant et de leur colonel. Les soldats ne seraient même pas entrés dans les cafés fréquentés par les sous-officiers. Les gradés paraissaient de haut à ceux qui ne l'étaient pas, et ceux-ci savaient tout ce qu'il fallait de bonne conduite, de persévérance, de services réguliers pour arriver à l'épaulette et même au simple galon d'argent. Des jeunes gens instruits, braves, irréprochables, ne trouvaient pas étrange de ne pas être officiers au bout de huit ans de présence au corps; le grade était un honneur, au lieu d'être une corvée; l'uniforme, un porte-respect, au lieu d'une livrée; le titre de soldat, un honneur, au lieu d'un ridicule.

Mais, dans ce temps-là, la France était la première puissance militaire du monde!

* * *

Je me plais à reconnaître que si, par l'effet délétère de son gouvernement, l'armée a perdu plusieurs des qualités qui lui assuraient autrefois la supériorité sur les nations rivales, elle a aussi perdu un défaut capital qui nuisait à sa considération et pouvait altérer son homogénéité : la manie du duel. On sait qu'elle avait été jusqu'à la folie sous l'Empire, et que, malgré son immense autorité, Napoléon ne parvint pas à l'extirper entièrement du camp de Boulogne. Pendant la Restauration, le duel eut une recrudescence; et, en 1830, il fut sujet à des accès.

On se battait pour le plaisir de se battre; on allait, de propos délibéré, sans rime ni raison, chercher querelle à des gens qu'on ne connaissait même pas, qu'on n'avait jamais vus. Tout servait de prétexte dans les cantines, dans les cabarets : une chanson entonnée à une table pendant qu'une autre table chantait, un verre de vin versé *en quarte,* c'est-à-dire la main renversée à droite, un geste, un regard, interprétés pour les besoins d'un duel. J'en fis, personnellement, la fâcheuse expérience.

Simple chasseur et très-inoffensif certes, j'étais allé à la cantine, ayant manqué à la soupe du soir. Il y avait beaucoup de monde; et, assis à un bout de table, je m'étais fait servir une *portion* et une demi-bouteille, lorsque, d'une table vis-à-vis de la mienne, un soldat des ouvriers d'administration se leva, vint à moi, prit mon verre et le but. Je demeurai quelques instants tout interloqué; je dis tranquillement à ce convive d'un nouveau genre qu'il avait eu tort, et que s'il m'avait demandé un verre de vin, je me serais fait un plaisir de le lui offrir. Ce propos bénin et ma figure imberbe firent éclater de rire les camarades du provocateur, qui me répondit par des insultes accompagnées du geste d'un soufflet. C'en était trop : je saisis la bouteille et je cassai, à la fois, tête et bouteille.

Quatre jours après — car il fallut quelques pansements à la tête — nous nous alignions dans les fossés derrière la caserne Saint-Jacques; j'avais affaire avec une sorte de prévôt de contre-pointe, et j'eus plus à me féliciter de mes études en cette *science* que de celles du grec et du latin.

Cette folie du duel gagnait quelquefois deux régiments et prenait alors un caractère excessivement grave. Tantôt quatre, six, huit maîtres ou prévôts de chaque côté s'alignaient dans une rencontre générale; tantôt la mission de terminer la querelle par un combat à mort était confiée à un champion unique dans chaque régiment, comme elle le fut par Rome et Albe aux Horaces et aux Curiaces.

Le 2ᵉ léger comptait parmi ses officiers un héros de ces combats sauvages et idiots : c'était le lieutenant Valotte.

Avant de passer dans la garde, d'où il était venu chez nous, M. Valotte était sous-officier dans un régiment de ligne en garnison à Brest. Une querelle de cabaret ayant surgi entre ce régiment et l'artillerie de marine, de véritables batailles rangées eurent lieu d'abord entre les deux corps ; puis elles se simplifièrent, et deux champions seulement, par une sorte de commun accord, restèrent en présence. Le sergent-major Valotte était celui de son régiment ; l'artillerie de marine était représentée par un sous-officier du même grade.

Sept fois, les deux adversaires allèrent sur le terrain ; et, chaque fois, l'un ou l'autre était transporté à l'hôpital avec une grave blessure. A l'époque où j'ai connu M. Valotte, — à huit ans de distance des événements que je raconte, — cet officier était remarquable par une longue balafre, allant de l'extrémité de l'arcade sourcilière gauche au sommet droit du front. Ce bourrelet, dont la chaleur ou l'émotion faisaient comme une auréole sanglante, venait d'un coup de sabre, reçu dans le sixième duel.

Il fallait en finir, et le simple bon sens en donnait cent moyens ; mais allez donc attendre du bon sens de gens passionnés par un faux point d'honneur. Les officiers des deux corps se réunirent, délibérèrent, et ne trouvèrent rien de mieux, pour mettre un terme à cette boucherie en détail, que de prescrire un assassinat.

Les deux adversaires furent mis en présence dans un fossé des remparts, les officiers, colonels en tête, étant présents. Deux pistolets furent apportés, l'un chargé, l'autre non. Le sort décida de celui des deux ennemis qui en prendrait un le premier. Placés à vingt pas de distance, ils marchèrent l'un sur l'autre ; à cinq pas, l'artilleur lâcha la détente... Il avait pris le pistolet non chargé. Valotte s'avança, lui mit le canon du pistolet sur le front, et lui fit sauter la cervelle, sans éprouver plus d'émotion que sa victime n'en témoignait elle-même.

C'est affreux ! C'est horrible ! C'est incroyable ! Et pourtant, c'est vrai. Le fait était connu de tout le 2º léger ; il m'a été raconté par M. Valotte lui-même.

L'histoire anecdotique des armées impériales offre bien des faits analogues : des querelles entre régiments, terminées par des combats de dix contre dix, quatre contre quatre ou de un contre un ; mais nous ne connaissons rien d'aussi féroce que celui de M. Valotte.

CHAPITRE VI

Le duel émigre au journalisme. — M. Changarnier duelliste. — Combat d'Oued-Lalegh.

Le temps a fort heureusement adouci nos mœurs ; la folie du duel a disparu de l'armée ; elle est passée dans le monde des journalistes. Le cabinet de rédaction a remplacé la cantine du régiment ; les coups de plume, le vin versé en *quarte ;* les insinuations calomnieuses de l'entrefilet, les grossièretés lancées à gorge déployée. Un colonel ne s'inquiète pas de savoir si ses officiers sont habiles ou non à l'escrime ; mais un directeur de journal doit faire subir un petit examen à ses rédacteurs, non sur l'histoire. l'économie et la littérature, mais sur les *contres,* les *feintes* et les *dégagements ;* et si les armes ne sont pas étalées sur les bureaux de rédaction, à côté des Bouillet, des Littré, des Larousse et des Vapereau, où les cinq sixièmes des journalistes puisent leur savoir au fur et à mesure de leurs besoins, on est à peu près certain de trouver dans quelque coin des épées, des revolvers, des cannes plombées et des *coups de poing.*

Quoique ce soit regrettable, ce n'est pas déplorable comme le serait pour l'armée la persistance de l'épidémie du duel, si elle s'ajoutait à la perte de l'esprit de corps. Nos officiers ont d'autres moyens de se distinguer, tandis que pour certains journalistes, le duel est leur seul expédient pour se faire connaître du public. Comme ils sont heureux, lorsqu'ils ont fait lire des phrases stéréotypées dans le genre de celle-ci :

« — A la suite d'une polémique violente, une rencontre a eu lieu entre M. Gaston, rédacteur de l'*Aspic bordelais,* et M. Arthur, du *Canard gascon*. Une balle ayant été échangée sans résultat, les témoins ont déclaré l'honneur satisfait. » — Ou bien : « Après un engagement de dix secondes, M. Arthur ayant reçu une blessure à la main, M. le docteur Seringuinos, qui assistait ces messieurs, a reconnu l'impossibilité de continuer le combat. »

Dès ce jour, MM. Gaston et Arthur peuvent hardiment briguer la rédaction en chef d'un grand journal de Paris, ou la main d'une riche héritière de la province... à leur choix.

*
* *

De 1800 à 1833, les mœurs militaires avaient donc changé à leur avantage ; mais ce n'était pas la guérison complète, simplement la convalescence succédant à la maladie. Nous n'avions plus ni lutteurs ni spadassins, mais nous voyions encore des pointilleux et quelques duellistes.

M. Changarnier, par exemple, était un véritable raffiné d'honneur de l'époque de Henri III ou du camp de Boulogne. Il avait constamment la main à la garde de son épée, et le moindre mot équivoque, un geste, un regard faisaient sortir celle-ci du fourreau. Or, comme ces mots, ces gestes, ces regards n'étaient pas rares entre officiers d'origine et d'opinions différentes, contraints par la discipline de s'asseoir à la même table, il s'ensuivait de fréquentes altercations dans lesquelles M. Changarnier prenait le premier rôle, en sa qualité de chef de groupe. C'est ainsi que nous avons vu M. Changarnier blesser à vingt-quatre heures d'intervalle le commandant Dhur-Laborde d'une balle qui glissa heureusement entre la peau du ventre et les intestins, et le capitaine Chassepoul d'un coup d'épée à l'épaule.

M. Changarnier avait, du reste, des idées à lui sur le point d'honneur, et elles ne manquaient pas d'une certaine originalité.

Ainsi, quelques mois avant notre départ pour l'Afrique, il commandait trois compagnies détachées sur notre extrême frontière du côté de l'Espagne —

à Saint-Laurent de Cerdans. — Je ne sais à quel sujet il eut à se plaindre, pour affaires de service, d'un de ses collègues, le capitaine Treille, et lui infligea des arrêts, en lui notifiant qu'à l'expiration de sa punition, tel jour et à telle heure, il le recevrait, conformément au règlement. Il en fut ainsi fait : au jour et à l'heure dits, le capitaine Treille se présenta, dans la tenue du jour, au logis du chef du détachement, qui, lui-même en uniforme — toujours conformément au règlement — le reçut avec la plus exquise courtoisie.

Après quelques propos sur la pluie et le beau temps, M. Changarnier congédia son visiteur, en lui adressant le petit discours que voici : « — Monsieur, comme commandant du détachement et, conséquemment, votre supérieur, j'ai cru devoir vous mettre aux arrêts, et je l'ai fait. Maintenant, je redeviens votre collègue ; et si vous croyez avoir à vous plaindre, je vous offre toutes les réparations, par les armes, qu'il vous plaira de demander. »

Le bon capitaine Treille se déclara satisfait.

*
* *

L'illustre général Changarnier a encore à son compte un duel qui, pour avoir avorté, grâce à l'intervention du duc d'Orléans, n'en fit pas moins grand bruit en son temps. Il devait avoir lieu avec M. Le Pays de Bourjoly, colonel du 1ᵉʳ chasseurs d'Afrique, M. Changarnier étant colonel du 2ᵉ léger. En voici les motifs et les circonstances :

Abd-el-Kader, prenant prétexte de notre expédition des Bibans (1839) pour réaliser ses projets ambitieux, avait rompu le traité de la Tafna et envahi nos possessions. Ses contingents inondèrent les provinces d'Alger et d'Oran, nos fermes furent brûlées, nos colons assassinés; les cavaliers rouges firent boire leurs chevaux aux bassins d'Hussein-Bey, tandis que les bataillons réguliers bloquaient Blidah et son camp. Le général Duvivier, qui occupait ces postes avec le 24ᵉ de ligne, était réduit à la plus grande détresse par l'absence de vivres et surtout par le manque d'eau, les Arabes ayant détourné le cours de l'Oued-Kebir qui la fournissait à la ville.

Le 31 décembre, le maréchal Valée partait de Boufarik avec les 2ᵉ et 17ᵉ légers, le 1ᵉʳ chasseurs d'Afrique, une batterie de campagne et un fort convoi, pour dégager Blidah et le ravitailler.

A mi-chemin entre cette ville et Boufarik, non loin du camp de l'Oued-Lalegh, notre colonne se trouva en présence de deux bataillons de réguliers, descendus imprudemment de la montagne, malgré la défense expresse que leur en avait faite Abd-el-

Kader; au même instant, les milliers de cavaliers qui nous escortaient depuis Boufarik resserrèrent leur cercle autour de nous. Le 2ᵉ léger était à l'avant-garde, le convoi venait après, et le 17ᵉ léger tiraillait à l'arrière-garde avec les Arabes. Pour éviter d'avoir trop de chevaux blessés, le maréchal faisait marcher les chasseurs d'Afrique à deux cents mètres sur la gauche.

Le moment était solennel; la fausse manœuvre des réguliers était si inespérée, que lorsque le capitaine Leflo, qui commandait les tirailleurs d'extrême avant-garde, accourut pour l'annoncer au colonel et au maréchal, aucun de ces messieurs ne voulait y croire. Ils se portèrent au galop sur la ligne des tirailleurs... C'était bien vrai : les deux bataillons réguliers, formés en carré avec de petits canons aux angles, faisaient flotter leurs drapeaux et nous attendaient sur la rive gauche de l'ancien lit de l'Oued-Kebir.

Le premier mouvement du maréchal — toujours artilleur — fut de faire avancer la batterie et de mitrailler le carré ennemi; mais le colonel Changarnier obtint, à force d'instances, d'aborder les réguliers corps à corps, à la baïonnette. Heureux et fier du consentement de son général, il accourt à la tête du régiment et lui annonce d'une voix émue et en termes chaleureux la bonne nouvelle. Comme nous marchions en colonne par peloton, il nous fit former par divisions, en plaçant les carabiniers du 2° bataillon à côté de ceux du premier, comme division de tête. Puis baïonnette au canon! et en marche sur le carré des réguliers, l'arme sur l'épaule droite.

Rendons à ceux-ci la justice qui leur est due : ils nous attendirent haut les armes et n'ouvrirent leur feu qu'au moment où nous atteignions la berge droite de l'ancien Oued-Kebir, c'est-à-dire à cinquante mètres d'eux. La fusillade fut terrible, mais cinquante mètres sont promptement parcourus au pas gymnastique, et les réguliers n'avaient pas rechargé leurs fusils, que nos baïonnettes leur trouaient la poitrine — défense avait été faite de tirer un coup de fusil.

En dix minutes, la face du carré que nous avions abordée était enfoncée, et presque en même temps un ouragan terrible tombait sur la face opposée. C'était le 1ᵉʳ chasseurs d'Afrique qui arrivait sur elle au galop de charge. Le colonel de Bourjoly, voyant, du point relativement éloigné où il était, ce qui se passait à sa droite, avait voulu sa part de la journée; et, tournant notre colonne ainsi qu'une face du carré arabe, il abordait l'autre face, bousculant tout sur son passage, même pas mal de nos soldats.

Pendant notre charge, la cavalerie ennemie s'était

encore rapprochée, suspendant son feu comme pour mieux jouir du spectacle de notre destruction qu'elle croyait certaine. L'artillerie, traversant au galop la dépression de terrain formée par l'ancien Oued-Kebir, se mettait en batterie et envoyait coup sur coup six volées de mitraille qui dispersaient cette fourmilière d'hommes et de chevaux, non sans avoir jonché le terrain de quantité d'entre eux.

*
* *

Ce fut une belle journée. Les réguliers laissaient quatre cents cadavres sur le terrain ; le reste fuyait vers la Chiffa, jetant ses fusils, ses bissacs — *barda* — et jusqu'à ses souliers pour courir plus vite. Les drapeaux, les canons étaient pris, chaque soldat avait des dépouilles opimes : les miennes étaient une paire de pistolets à capucines damasquinées et le yatagan d'un officier qui avait laissé son sang sur ma baïonnette.

Dans son rapport au gouvernement, le maréchal accorda les honneurs de la journée d'Oued-Lalegh au 2e léger et à son colonel.

M. de Bourjoly, colonel du 1er chasseurs d'Afrique, s'en trouva blessé et eut le tort de faire ses doléances à la presse, par une lettre dans laquelle il partait de ce principe que l'infanterie ne va pas aussi vite que la cavalerie, vérité de M. de La Palisse, mais erreur manifeste, quand il s'agit d'un but à atteindre, et que l'infanterie n'a, pour y arriver, que cinquante mètres à parcourir au pas gymnastique, tandis que la cavalerie en a six cents et qu'elle part dix minutes après l'infanterie.

Le maréchal fut mécontent de l'incartade du colonel de Bourjoly; mais le colonel Changarnier commit à son tour la faute de ne pas rester étranger au débat, et de répondre lui aussi par la presse à la lettre de son rival.

Six mois après — en mai 1840 — les deux colonels se trouvèrent en présence au camp de Blidah, où se formait le corps expéditionnaire destiné à prendre l'offensive contre Abd-el-Kader. Le feu qui couvait sous la cendre se ralluma; quelques propos aigres-doux furent échangés, et une rencontre fut décidée. Le matin même du jour où elle devait avoir lieu, le duc d'Orléans, au courant de ce qui se passait, manda près de lui les deux rivaux, et, avec cette éloquence qui lui gagnait tous les cœurs, il parvint sinon à les réconcilier, du moins à les désarmer. Ajoutons que la querelle entre les deux colonels n'altéra jamais l'amitié qui unissait leurs régiments.

CHAPITRE VII

En Afrique. — Le duc d'Orléans. — Le maréchal Clausel. — Yusuf. — Lamoricière. — Combat du Sig. — M. de Bourgon. — M. Plantier. — Le chasseur Hortet.

Après le désastre subi à la Macta par le général Trézel, la division Castellane fut envoyée à Oran, où se concentraient les forces destinées à venger l'échec de nos armes. Je n'ai pas à dire notre étonnement, notre ahurissement même, au spectacle si nouveau qu'offrait à nos yeux cette terre avec ses étranges habitants; on le comprendra facilement, et, non moins facilement aussi, notre respectueuse admiration pour les chefs illustres qui allaient nous conduire à la réalisation de notre rêve : les combats et la gloire.

Le duc d'Orléans, c'était la bonté dans la dignité, la bravoure chevaleresque, la grâce et — dirons-nous avec Voltaire dans son portrait du duc de Guise :

. . . . .cet heureux don de plaire
Qui, mieux que la vertu, sait régner sur les cœurs.

Le maréchal Clausel personnifiait à nos yeux l'épopée impériale. Sa casquette à double visière, sa redingote à la propriétaire, sur laquelle il portait des boutons en or et des épaulettes de la forme dite autrefois *crapaud,* et noircies par le temps, sa toute petite épée, nous rappelaient des temps héroïques et commandaient le respect le plus profond.

Yusuf nous apparaissait comme un mameluk détaché du grand tableau de la bataille des Pyramides. Ses armes resplendissantes, le riche harnachement de son cheval, sa jeunesse, sa bonne mine, la grâce de toute sa personne, sa bravoure concordaient avec la légende d'aventures dont son enfance était enveloppée, et nous faisaient prévoir les actions d'éclat dont il devait nous donner plus tard le brillant exemple.

Un autre homme, un simple chef de bataillon, se distinguait encore dans cette pléiade d'illustrations, par l'originalité de sa tenue et la réputation des hommes qu'il commandait.

Ce chef de bataillon était M. de Lamoricière — ses soldats était les zouaves.

Avouons-le — cela ne saurait diminuer sa gloire — dans aucun de ses grades, M. de Lamoricière n'a eu une tenue militaire soignée ; à l'époque dont nous parlons, cette tenue était plus que négligée : abandonnée.

Une grande ceinture en laine rouge sur sa tunique

fanée et rarement brossée, ses longs cheveux s'échappant de sa *cachia,* ses *toummaks* — bottes arabes en marocain rouge — couvrant ses jambes jusqu'aux genoux, sa selle arabe lui donnaient plutôt l'air d'un chef palikare, conduisant ses bandes dans les montagnes de l'Épire ou de la Thessalie, que celui d'un commandant de soldats français.

Il est vrai que ces soldats ne ressemblaient en rien à ceux qui arrivaient de France, ni par leur costume, ni par leurs habitudes, ni même par leur tempérament. A cette époque surtout le bataillon de zouaves était un bataillon d'aventuriers; sur six cents hommes, il n'y en avait peut-être pas cinquante appelés là par le sort : c'étaient des volontaires dont la moitié avaient rendu leurs galons de sous-officier de régiment de ligne pour entrer dans ce corps exceptionnel. La vie qu'on y menait, vie de marches, de privations et de combats, vie d'embuscades ténébreuses et de faits d'armes éclatants; la sévérité dans la subordination, l'indulgence dans la discipline, avaient un attrait irrésistible pour les esprits aventureux, pour les caractères indépendants, et Dieu sait si le nombre en était alors grand en France. Aussi quels liens étroits, quelle profonde harmonie entre les zouaves et leur jeune commandant! Celui-ci pouvait demander l'impossible à ses soldats, ses soldats auraient fait l'impossible.

Ayant écrit dans les *Souvenirs d'un vieux zouave*
l'historique de la guerre d'Afrique de 1835 à 1853,
je ne ferai ici que mentionner celles des expéditions
qui forment le détail de cette guerre, où je trouverai
un fait saillant à citer, une individualité intéressante
à mettre en lumière.

*
* *

La colonne expéditionnaire, partie d'Oran dans
les derniers jours de novembre 1835, livra son premier combat à Abd-el-Kader, le 1ᵉʳ décembre. Le
but du maréchal était d'enlever le camp de l'émir,
situé à trois kilomètres environ du nôtre dans les
gorges du Sig. Après un combat d'une heure au plus,
l'affaire était finie; nous étions maîtres du camp
arabe, et Abd-el-Kader disparaissait dans les ravins.

C'était mon premier coup de fusil; et si je recherche
quelle fut mon impression à ce baptême de feu, je
ne retrouve dans ma mémoire rien qui ressemble à
ce qu'on raconte de l'effet psychologique du premier combat sur les jeunes soldats. Je dus apparemment trouver la chose étonnante, émouvante même;
mais soit fougue de la jeunesse, soit entraînement
de la lutte — car ma compagnie entre autres fut
vivement engagée — je ne ressentis absolument
rien d'anormal.

Le commencement de cet heureux combat avait été marqué par un incident de mauvais augure.

Le maréchal avait amené de France, pour l'attacher à son état-major, un sien parent, M. de Bourgon, lieutenant de dragons. Avant que l'affaire fût engagée et pendant que le maréchal, qui s'était porté en avant, examinait l'ennemi, M. de Bourgon partait à fond de train, dépassait les tirailleurs d'avant-garde et allait décharger ses pistolets sur les cavaliers arabes. C'était en vain que le commandant Lamoricière avait voulu l'empêcher de dépasser ses hommes, attendant derrière les touffes de lentisques le signal de l'attaque, M. de Bourgon n'avait rien écouté ; il alla jusqu'au bout de son imprudence, c'est-à-dire jusqu'à la mort.

En effet, les Arabes ripostèrent à ses deux coups de pistolet inoffensifs par une décharge qui le jeta à bas de son cheval. Un combat acharné se livra autour de son cadavre ; les Arabes voulant l'enlever, et les zouaves accourant le leur disputer, il y eut quelques morts et blessés de part et d'autre.

Le combat étant devenu général, mon lieutenant, M. Plantier, reçut à la cuisse une balle qui nécessita l'amputation de ce membre. L'opération eut lieu le soir même ; et, à partir de ce jour, la compagnie porta son officier sur une civière jusqu'à notre retour à Mostaganem, où il put être déposé à l'hôpital.

M. Plantier guérit de sa blessure et obtint une place de percepteur dans son pays natal, à Pont-Saint-Esprit. Le duc d'Orléans ne fut pas étranger à ce dédommagement accordé à notre brave lieutenant.

Auprès de M. Plantier tombèrent plusieurs de nos camarades, entre lesquels le chasseur Hortet, auquel je dois une mention particulière... comme le fut du reste son existence.

C'était un petit bonhomme, tout fer et acier, de mauvaise tenue militaire, maigre, sec même; pas en chair, mais en os, muscles et nerfs seulement, le type des montagnards du Canigou, sa patrie, où son adolescence s'était passée à aller chercher des fagots de bois qu'il revendait à la ville. Sa journée lui rapportait de soixante à soixante-quinze centimes, somme suffisante pour sa nourriture, dont un oignon et du pain de seigle faisaient le fond. Il avait été appelé par le sort au service militaire, et le sort devait le rendre à la vie civile, à un œil près, dans les mêmes conditions qu'à sa sortie.

Au fort de l'action, Hortet tomba frappé d'une balle à la tête. « Il est mort, dit-on de tous côtés, « laissons-le, les cacolets le ramasseront. Prenons « seulement son fusil et ses cartouches. » Il en fut fait ainsi, on l'abandonna, et l'on continua à se battre. Un quart d'heure ne s'était pas écoulé, que nous entendons une voix glapissante criant de

manière à dominer le bruit de la fusillade : « Mon
« fusil ! mes cartouches ! rendez-moi mon fusil ! où
« est mon fusil ? » Nous nous retournons... C'était
Hortet, le front serré par son mouchoir, et revenant
prendre sa place dans les rangs. Il avait bien le
crâne fêlé, mais c'était un crâne solide, un crâne de
montagnard catalan. La balle ne l'avait qu'étourdi,
et il accourait, son étourdissement passé.

Ce n'était que la première aventure d'Hortet, car
il devait passer trois fois par le feu.

Après le combat de l'Habra où Abd-el-Kader fit
usage des canons de montagne dont nous lui avions
fait cadeau, et où le duc d'Orléans reçut une balle
morte qui le força à remettre au général Marbot le
commandement de sa division, une partie du corps
expéditionnaire atteignit Mascara, le reste demeurant sur le plateau des Bordjiah, à quelques kilomètres de la ville.

Il était nuit close, et la pluie tombait à torrents ; le
2ᵉ léger fut établi dans les cabanes misérables d'un
faubourg qui, comme Mascara, était abandonné. Il
fallait faire du feu pour sécher ses habits ; le bois
manquant, on démolit les toitures. La difficulté consistait alors à allumer cette paille et ces traverses
affreusement mouillées. On procédait à cette opération au moyen de la poudre des cartouches. Dans la
baraque où était Hortet, la chose n'allant pas toute

seule, notre homme voulut y mettre la main. Prenant une cartouche, il en versa la poudre et se pencha pour y mettre le feu. Dans ces mouvements sa giberne s'était déplacée, et des reins elle était venue sur le ventre. L'explosion de la poudre du foyer se communiqua à la giberne garnie de quatre paquets de cartouches, et Hortet sauta comme un poisson qu'on retournerait sur la poêle à frire.

Cette fois encore on le crut mort; il ne l'était pas, mais il n'en valait guère mieux; il était horriblement brûlé, ses intestins étaient en quelque sorte au jour. Il s'en tira cependant, et deux mois après il avait repris sa place à la compagnie.

Deux ans s'étaient écoulés; nous étions dans la Mitidja, occupés à construire le camp du Fondouck. Le génie employait un grand nombre de soldats à l'extraction de la pierre et au nivellement des rochers qui gênaient les fossés et les parapets. Bien qu'il fût complétement étranger à ces travaux, Hortet s'était donné comme mineur, et avait été affecté à cette besogne spéciale.

Soir et matin, ces mines étaient chargées, et l'on y mettait le feu au moment où les travailleurs allaient manger la soupe. Or, il arriva que, certain jour, une des mines auxquelles travaillait notre chasseur ne partit pas. Le sergent du génie, chef du chantier, fit ce qui se pratique en pareil cas, il ordonna de rentrer au camp, se réservant d'examiner la mine à la reprise du travail. Tout le monde obéit, à l'exception d'Hortet. Il laissa filer ses camarades et retourna seul à la mine.

Bientôt une explosion se fit entendre, on accourut, et Hortet fut trouvé gisant au milieu de débris de rochers. Le malheureux s'était mis à souffler sur la mèche à demi éteinte, la mine avait éclaté, le projetant à dix mètres.

Eh bien! il en fut quitte pour la perte d'un œil et un traitement temporaire de réforme, avec lequel il retourna dans son pays. Qui le croirait? Hortet a pris femme, il a fait souche de petits Hortet, porteurs de bois comme leur père. Nous le revîmes quelque douze ans après ses aventures, qu'il se plaisait à raconter et dont il riait aux éclats.

CHAPITRE VIII

Tlemcen. — Le bataillon du Méchouar. — Cavaignac. — Le lion des zouaves. — Les voleurs arabes. — Les embuscades.

Quelques jours après son retour de Mascara, la colonne expéditionnaire partait d'Oran pour Tlemcen. Le duc d'Orléans nous avait quittés à Mostaganem et s'était embarqué pour la France, très-souffrant des suites du mauvais temps que nous avions eu à supporter.

La nouvelle colonne avait été allégée ; l'effectif, réduit de la moitié en infanterie, se composait de troupes ayant fait leurs preuves de solidité au feu et de résistance aux fatigues et aux privations. On n'avait pris que les compagnies d'élite des régiments, organisées en bataillons.

Cette expédition fut menée brillamment et se termina par l'organisation politique des *Coulouglis*, descendants des Turcs alliés à des Mauresques, ennemis acharnés d'Abd-el-Kader.

En quittant Tlemcen, le maréchal Clausel laissa dans le Méchouar — citadelle au centre de la ville

— un bataillon de six cents volontaires de tous les corps, sous les ordres du capitaine du génie Cavaignac, et avec promesse d'un grade supérieur pour tous, officiers, sous-officiers et soldats, en récompense de leur dévouement.

Ce bataillon demeura dix-huit mois dans cette séquestration du monde civilisé; il fit des prodiges pour s'installer, et de bravoure pour subsister.

Il fut retiré du Méchouar par le général Bugeaud, après la brillante victoire de la Sicka. Le gouvernement ne tint pas les promesses faites en son nom par le maréchal Clausel; le bataillon de Tlemcen fut versé aux zouaves, son chef fut seul promu, de capitaine, commandant.

M. Cavaignac en fut attristé et irrité. Il refusa net son nouveau grade et demanda sa mise en non-activité. Sa nomination ne fut pas rapportée, mais il put se retirer à Perpignan, près de son oncle, directeur de l'enregistrement et des domaines dans cette ville, bien résolu à ne plus reprendre du service. Il y était en 1839, lorsque le duc d'Orléans passa à Perpignan, allant s'embarquer à Port-Vendres, pour l'expédition des Bibans. Le prince vit le commandant; il fit appel à son patriotisme et parvint à triompher des scrupules honorables qui privaient l'armée d'un de ses meilleurs officiers. M. Cavaignac reçut le commandement du bataillon d'infanterie légère d'Afrique, alors bloqué dans Cherchell par Abd-el-Kader. L'histoire de ce siége est une des belles pages de la vie du général Cavaignac, qui en compte de si nombreuses et de si remarquables.

*
* *

Si le bataillon du Méchouar avait de durs travaux à accomplir pour se défendre contre l'ennemi et se ravitailler au moyen de razzias, il eut un lion pour se distraire.

Ce lion, qui lui avait été donné, gros au plus comme un chat, fut adopté et reçut le nom de *Bonhomme*. Un soldat fut élu son père nourricier ; il était Alsacien et s'appelait Zimmermann. L'enfance et l'adolescence de Bonhomme furent charmantes ; il grandissait et grossissait à vue d'œil, tandis que son caractère, formé par le contact continuel de l'espèce humaine, était bénin, vif, enjoué comme celui d'un enfant bien élevé ; avec cela, malin comme un singe.

Une de ses espiègleries consistait à se raser dans un coin de la cour, toujours le plus sombre, et à guetter les petits Coulouglis et Juifs qui venaient journellement vendre à la garnison les petits pains anisés des indigènes. Bonhomme les laissait entrer, puis, en deux bonds, il était près d'eux, leur donnait, avec sa patte, une sorte de croc-en-jambe et les jetait à terre sans leur faire aucun mal. Les gamins se sauvaient en poussant des cris de paon, et les soldats riaient à se tordre, eux dont l'amusement était de faire dresser Bonhomme sur ses pattes de derrière, de le prendre à bras-le-corps et de lutter avec lui.

Hélas! cette existence de lion, filée d'or et de soie, devait avoir une bien triste fin.

Lorsque la garnison fut retirée du Méchouar, le commandant Cavaignac, embarrassé de son lion, résolut d'en faire cadeau au Jardin des Plantes de Paris, et il l'envoya en France, sous la conduite de son père nourricier. Tout alla bien de Tlemcen à Oran et d'Oran à Marseille; Bonhomme suivait son ami comme un chien aurait pu le faire.

Débarqué à Marseille, Zimmermann s'en fut, avec son lion, à la première auberge venue, résolu à partir le lendemain pour Paris. L'hôtelier jeta bien quelques hauts cris à la vue du lion ; mais en constatant sa douceur et sa sociabilité, il l'admit dans son écurie, où on l'attacha, pour la forme, à l'aide d'une mince ficelle; puis le soldat s'en fut par la ville à ses affaires et à la régularisation de sa feuille de route.

Malheureusement, Zimmermann rencontra des camarades; on s'en fut manger un morceau et boire un coup. La longue tempérance du Méchouar avait fait perdre au zouave toute méfiance à l'endroit des vins du Midi; il se grisa, sinon complétement, assez du moins pour oublier son ami, le lion.

Bonhomme, fatigué d'attendre et ne voyant pas venir sa pitance habituelle, fit un léger mouvement de tête, brisa son frêle lien et sortit dans l'intention de chercher Zimmermann.

Impossible de dire l'effet du lion dans la rue, — à la Canebière sans doute — ce fut une fuite désordonnée, des hurlements de frayeur, des fermetures bruyantes de portes de maisons et de devantures de boutiques, une terreur profonde, un sauve qui peut général.

Bonhomme regardait tout cela d'un œil placide; et, paraissant ne rien comprendre à ce brouhaha, il allait tranquillement son chemin.

Cependant les Marseillais, barricadés, se hasardèrent à regarder par leurs fenêtres, et le courage leur revint, en voyant les allures inoffensives de l'animal, sujet de leur épouvante.

Que diable! il ne sera pas dit que les Marius — tout le monde s'appelle ainsi à Marseille — auront eu peur d'un piètre lion. Chacun prend son fusil, le charge à balle, et Bonhomme essuie une fusillade qui l'étend roide mort sur le carreau inhospitalier de la rue de Noailles.

*
* *

L'audace et l'habileté des Arabes, en matière de vol, sont si connues aujourd'hui, qu'elles n'étonnent personne; mais, il y a cinquante ans, nous en étions plus que stupéfaits : ahuris. Nous les voyions pour la première fois s'exercer sur une grande échelle et à nos dépens; les résultats en étaient quelquefois grotesques et parfois attristants. Je donnerai un spécimen des deux genres, mais je dois indiquer d'abord la manière de procéder des voleurs.

Elle est assez originale pour que bien des personnes n'aient vu, dans le récit qu'on en faisait, qu'une invention de soldats abusant du privilége tacite accordé à quiconque vient de loin.

Les Arabes ne se bornaient pas, pour pénétrer dans nos campements et y exécuter leurs hardis coups de main, à se glisser, en rampant, dans les broussailles, sans faire le moindre bruit qui pût donner l'éveil aux sentinelles; ils se déguisaient en buissons. C'est là ce que les voleurs ont imaginé de plus fort, ce que l'on est autorisé à traiter de fable, quand on n'en a pas été témoin.

Le soldat, en faction devant les armes et en quelque sorte couvert par les grand'gardes, se promène nonchalamment devant les faisceaux. Il n'a pas compté le nombre de touffes de lentisque, de laurier-rose, de tamarin qui sont devant lui, mais il lui semble que l'une d'elles est plus près que les autres; il la regarde quelque temps; elle est immobile comme doit l'être toute bonne broussaille. La sentinelle reprend ses cinquante pas monotones, de la droite à la gauche des faisceaux. Tout à coup, au moment précis où il est à une extrémité de sa ligne, le buisson tombe; il en sort un diable, presque nu, qui, en deux bonds, est sur les faisceaux, en met un sur son épaule et disparaît. Le factionnaire est t. de sa somnolence par le bruit des fusils qui s'entrechoquent; il se retourne vivement, il voit un fantôme qui fuit; il tire sur lui au jugé, le manque — naturellement — et, aussitôt, de toutes les faces du camp partent des coups de feu sans objet, sans motifs, surtout quand ce sont des troupes non encore aguerries qui composent la colonne.

On essaya de serrer les faisceaux les uns contre les autres, de les attacher ensemble; rien n'y fit, au contraire : au lieu de prendre trois fusils, les Arabes en emportaient six, même neuf à la fois.

Ces vols d'armes étaient facilités aux Arabes par le système des grand'gardes, qui laissaient entre elles des espaces assez grands pour que des hommes isolés, et même en groupe de quatre ou cinq, pussent s'y glisser jusqu'au front de bandière. Ils devinrent excessivement rares, s'ils ne cessèrent tout à fait, du jour où le maréchal Bugeaud substitua les embuscades aux grand'gardes.

Une compagnie était bien, comme par le passé, envoyée en avant du front de son bataillon, mais son commandant en disposait la majeure partie par groupes de trois, quatre hommes, qui, blottis dans des broussailles, dans des plis de terrain, derrière des troncs d'arbres, des amas de pierres, des blocs de rochers, le fusil armé, le doigt sur la détente, avaient constamment l'œil et l'oreille aux aguets. Impossible à qui que ce fût, venant du dehors, de passer sans être vu et entendu entre ces embuscades très-rapprochées les unes des autres, reliées entre elles, et formant un cordon impénétrable autour du camp. Il va sans dire qu'on ne fumait pas dans ces embuscades, pas plus qu'on ne faisait du feu au poste principal.

Il m'est arrivé de passer des nuits d'embuscade à quarante pas d'un groupe d'Arabes, de les entendre causer entre eux, de les distinguer même à la lueur des étoiles, sans qu'un seul de mes hommes ait bronché. C'est que la consigne, sévère pour toute l'armée, était excessivement rigoureuse pour les zouaves.

Tout homme d'embuscade ayant tiré un coup de fusil devait, le matin, montrer un cadavre ou du sang au point où il avait tiré, sous peine d'être cassé, s'il était de première classe, et puni de quinze jours de prison, s'il n'était que de deuxième. Les résultats de cette sévérité furent de donner une sécurité relative à nos camps.

CHAPITRE IX

SUITE DU PRÉCÉDENT

La légion étrangère. — Le lieutenant Petit. — Les grenadiers du 63e. — Yusuf.

Citons deux faits prouvant l'efficacité des embuscades et des ordres donnés de ne tirer qu'à bout portant.

En 1847, lors de la première expédition aux oasis de l'extrême sud oranais, le général Cavaignac avait pris, en passant à Saïda, quatre compagnies d'élite de la légion étrangère, commandées par le colonel Mélinet. C'était une belle et bonne troupe, mais malhabile à se garder.

Pendant le séjour de repos que nous donna le général à Sifsissifa, au milieu des jardins et sur le bord du ruisseau qui les arrose, la légion étrangère eut, les quatre premières nuits, une, deux et même trois sentinelles assassinées et des alertes qui mettaient tout le monde sur pied. Le général, irrité et lassé, fit faire, à la nuit tombante, un mouvement aux quatre faces du camp, de manière à faire occuper par les zouaves la place de la légion étrangère.

Quelques heures après, on entendit quatre coups de feu seulement, au lieu de la fusillade générale qui, précédemment, troublait notre repos. Au jour, on releva quatre cadavres; mais, cette fois, ce n'étaient pas des nôtres.

A Moghrar-Tatani, autre oasis, j'eus personnellement une aventure de ce genre. La colonne campait près du ksar (village), abandonné par ses habitants qu'on voyait en masse sur une colline voisine.

Je couvrais donc la face du camp touchant au village. En plaçant mes postes, je reconnus une brèche existant au mur d'enceinte, vis-à-vis la colline. Je n'y mis personne, bien convaincu que les Arabes tenteraient d'entrer par là dans leur ksar. A la nuit close, j'y plaçai huit hommes de ma réserve, sous les ordres d'un sous-officier. Je ne m'étais pas trompé. Vers minuit, j'entendis un feu d'ensemble tiré de la brèche, j'y courus : mes zouaves embusqués avaient déjà rechargé leurs armes et demeuraient immobiles, silencieux à leur poste, tandis que, de la colline, s'élevaient des clameurs confuses, des cris d'alarme auxquels succédait une fusillade inoffensive, qui resta naturellement sans riposte de notre part. Chacun de mes huit zouaves avait tué ou blessé son homme à bout portant, deux cadavres restaient à mi-chemin de la brèche; l'un

4.

d'eux avait son burnous en feu, et l'on pouvait reconnaître le chemin qu'avaient suivi les fuyards, au sang qui marquait leur retraite vers la colline.

Voilà ce qu'on obtenait alors de nos soldats.

*
* *

Mais sans abandonner le sujet de ce chapitre, je m'en suis insensiblement écarté ; j'y reviens, en vous racontant ce qui advint à un officier et à une compagnie de grenadiers, par le fait des maraudeurs arabes, pendant notre marche sur Tlemcen.

En ces temps-là, nous n'avions ni tentes-abris, ni couvertures ; tout notre outillage de bivouac consistait en un grand sac de toile, dans lequel nous nous fourrions pendant la nuit, et qui, dans le jour, servait aux distributions. Les compagnies couchaient au pied de leurs faisceaux, alignées comme pour la manœuvre, notre havre-sac nous servant d'oreiller. Seuls, les officiers avaient une couverture portée par le mulet ou l'âne de la division, car il n'y avait qu'une bête de somme par deux compagnies, et les officiers, comme les sous-officiers, répartis entre les escouades, n'avaient pas d'autre nourriture que celle de leurs soldats.

Plusieurs fois déjà, les maraudeurs nous avaient visités, volant à droite et à gauche des effets de campement, des fusils et des chevaux, jusqu'au mulet de bagages du maréchal, attaché au piquet au milieu de l'état-major. C'était prodigieux d'audace et d'habileté.

Une nuit, l'un d'eux, passant près d'un feu de compagnie, voit parmi les hommes de cuisine profondément endormis un grand paquet enveloppé dans une couverture blanche. Bonne affaire! se dit-il; il doit y avoir là un riche butin. Et, saisissant le *colis*, il le charge sur son épaule et détale au plus vite. Mais quelque chose s'agite, se démène dans la couverture; l'Arabe effrayé jette son ballot à terre, et il en sort... M. Petit, lieutenant de grenadiers au 63ᵉ de ligne, ainsi nommé peut-être par antiphrase, car il était d'une taille bien au-dessus de la moyenne.

On rit beaucoup de cette aventure fort plaisante, en effet; mais, dans la première nuit de notre marche de retour de Tlemcen à Oran, cette même compagnie de grenadiers, dont M. Petit était le lieutenant, en eut une autre, dont toute la colonne fut affligée : les Arabes lui volèrent presque tous ses faisceaux.

Le maréchal, furieux, ordonna que, désormais, cette compagnie marcherait sans armes aux bagages. Cet ordre fut exécuté dès le lendemain, au profond désespoir de ces braves soldats, surtout de leur capitaine qu'on eut toutes les peines du monde à empêcher de se suicider Enfin, le maréchal se laissa fléchir; le quatrième jour, le matin même du brillant combat du *défilé de la Chair,* il fit distribuer à cette compagnie les fusils des hommes à l'ambulance et lui donna la place d'honneur, à l'extrême arrière-garde, où elle combattit vaillamment.

Quoiqu'il n'entre pas dans mon plan de raconter des combats que j'ai déjà décrits dans mes *Souvenirs d'un vieux zouave,* je ne puis m'empêcher de mentionner celui qui eut lieu dans les gorges de la *Sef-Sef,* pendant notre séjour à Tlemcen, moins pour le combat lui-même, que parce que j'ai été témoin, ce jour-là, du premier des faits d'armes de Yusuf.

Ce ne fut presque qu'une affaire de cavalerie arabe. Nos mille trois cents cavaliers alliés, conduits par El-Mézari et Yusuf, enlevèrent en un clin d'œil le camp d'Abd-el-Kader et ramassèrent une population de cinq mille individus de tout âge et de tout sexe, enlevés par l'émir, et que nous ramenâmes à Tlemcen.

Pendant ce temps-là, le commandant Yusuf s'était attaché à poursuivre Abd-el-Kader. Dédaignant les ennemis vulgaires qui tentaient de l'arrêter, il cherchait l'émir sans trêve ni merci. Six fois il parvint à le couper des siens; six fois il ne fut éloigné de lui que de trente à quarante pas; et si son cheval n'avait pas été épuisé par un galop de près de quatre heures, il se serait certainement emparé de notre ennemi. Dans sa fuite désordonnée, Abd-el-Kader reprochait amèrement à son escorte de ne pas le défendre. « Lâches, lui disait-il, vous êtes vingt, et « vous fuyez devant un seul homme ». Mais il se gardait bien lui-même de faire volte-face et d'attendre son adversaire.

CHAPITRE X

Nos *chapardeurs*. — Les zéphyrs. — Les rats à trompe. — La salle de police vendue. — Hé! François! — Les zouaves. — Le mulet du *mercanti*. — Les tonneaux de vin.

Soyons juste; et puisque j'ai fait ressortir le naturel voleur des Arabes, disons quelque chose des habitudes chapardeuses des corps spéciaux de l'ancienne armée d'Afrique.

Les premiers en réputation ont été les bataillons d'infanterie légère d'Afrique, vulgairement appelés *zéphyrs*. Ce qu'ils ont fait de mauvais tours est inénarrable, et leur rat à trompe est devenu légendaire, sans que beaucoup en connaissent l'histoire, que voici.

Peu d'années après la conquête, le gouvernement envoya en Algérie une commission scientifique, chargée de recherches de toute sorte : historiques, géologiques, botaniques, zoologiques, etc. Leur arrivée fit sensation et mit en éveil l'imagination de nos hommes. On ne peut pas se faire une idée des innombrables *carottes* tirées à ces délégués de l'Institut, aussi simples et naïfs que savants, des quantités de vieux sous transformés en médailles, des morceaux de vieux fer rouillé transformés en débris d'armes antiques. Les savants étaient ravis, émerveillés des riches collections dont ils allaient enrichir nos musées, et souriaient aux gros volumes qu'ils allaient publier avec cartes et planches. Les zéphyrs, — fournisseurs patentés de ces messieurs, — riaient à gorge déployée du succès de leurs ruses et buvaient gaiement le prix de leur industrie. Tout allait bien, lorsqu'un événement, une découverte importante, extraordinaire, gâta la douce entente entre les exploiteurs et les exploités.

Un savant avait trouvé dans un naturaliste ancien — dans Pline, peut-être, — qu'il existait, dans la Numidie Césaréenne, des rats à trompe, c'est-à-dire des rats ayant au bout du museau un appendice flexible, comme celui dont sont munis les rhinocéros. — L'espèce s'en serait-elle perdue?... En existe-t-il encore?... Quel bonheur si l'on pouvait en trouver!... Quelle gloire d'en rapporter en France!

Notre savant en avait perdu le boire et le manger; il n'en dormait plus. En véritable égoïste, il n'en dit rien à ses collègues, mais il s'en ouvrit avec le zéphyr, son fournisseur ordinaire, et qu'il admettait à ce titre presque dans sa familiarité. Quel que fût son aplomb, notre *ascar* (soldat) fut démonté par cette confidence; mais il se remit promptement, et après avoir paru quelques instants absorbé par ses réflexions :

— Attendez, dit-il à son interlocuteur, en se frappant le front, je crois que j'aurai votre affaire.

— Ah! mon ami, quel service vous rendrez à la science et à moi-même!

— Oui! j'en ai vu... deux au moins... mais c'est loin, dangereux; je risque de me faire couper le cou. Ce sera cher.

— Ne parlons pas du prix; vous le fixerez vous-même. C'est pour la science, et le gouvernement ne lésine pas sur un pareil sujet.

Deux ou trois jours après, le zéphyr arrive avec un rat à trompe, puis avec deux, avec trois; le savant en achète une demi-douzaine et ne se possède pas de joie. Ses collègues sont convoqués, et, devant la commission assemblée, les rats à trompe sont livrés à l'admiration et à l'examen des savants, qui les tournent et retournent en tous sens. Tout à coup un cri d'étonnement succède au murmure d'approbation; un rat perd sa trompe; son appendice vient de tomber, ce n'est qu'un rat vulgaire; tous les autres sont successivement dépouillés de cet ornement, et les savants regardent d'un air narquois leur collègue consterné.

Que s'était-il donc passé?... Mon Dieu! rien que de très-simple, et il fallait être un vrai savant pour ne pas avoir vu du premier coup la supercherie des zéphyrs. Ceux-ci prenaient deux rats, coupaient la queue de l'un pour la coller à la tête de l'autre, qu'ils portaient ensuite au savant. Cela tenait autant que la colle, et le tour était joué.

Cette histoire fit grand bruit en Algérie et même en France; mais en voici une autre qui, pour être moins connue, n'en constitue pas moins à l'avoir des zéphyrs ce que ceux-ci appellent une bonne farce.

*
* *

Tous leurs tours n'étaient pas aussi inoffensifs, témoin le suivant :

Quelques jours après la prise de Bougie, on eut pu voir une escouade de zéphyrs occupés à balayer, nettoyer, mettre en état une cahute abandonnée par quelque habitant ayant fui lors de notre arrivée. Sa devanture était celle des petites boutiques où les indigènes, Maures et Juifs, vendaient leurs épices, étoffes, sandales, maroquins, etc.

Au même instant arrivait, venant de la marine, un Maltais ployant sous le poids d'un énorme ballot et de la fatigue d'une ascension longue et roide. Le Maltais s'est arrêté au haut de la côte; et, tout en s'y reposant, il examine les lieux avec une attention soutenue. Les zéphyrs l'abordent et entament la conversation. Le Maltais leur raconte qu'ayant appris l'occupation de Bougie par les Français, il venait s'y installer comme marchand : le ballot qu'il portait n'était qu'une faible partie de ses approvisionnements; mais il lui fallait un magasin, et il le cherchait.

— Qu'à cela ne tienne, lui dirent les zéphyrs, nous pouvons vous offrir une maisonnette qui fera votre affaire et qui ne vous coûtera pas cher.

— Où est-elle?

— Parbleu, la voilà! nous venons de la nettoyer, comme si nous avions prévu votre arrivée.

Le prix débattu, arrêté et payé — pas cher, bien entendu — les zéphyrs disparaissent, et le Maltais prend possession de son immeuble. Il n'avait pas fini son déballage, qu'arrive devant sa maison le capitaine adjudant-major du bataillon, conduit par un sergent. Ils s'arrêtent; le sergent tourne sur lui-même, regarde de tous côtés et paraît tout interloqué.

— Eh bien! cette salle de police... Où donc est-elle?

— Ma foi, mon capitaine, je n'y comprends rien. Elle était ici; je reconnais bien ce carrefour, mais pas la maison. Attendez : c'est drôle... mais il n'y avait pas de marchand par ici, et en voilà un.

Ils abordent le Maltais, et ils apprennent de lui

qu'il est propriétaire de la maison, attendu qu'il l'a achetée, il n'y a pas une heure, à quatre soldats. Tout était révélé : les zéphyrs avaient vendu la salle de police. Le Maltais eut beau protester, il lui fallut quitter son immeuble, qui, rendu à sa destination, eut pour premiers locataires nos habiles négociateurs.

Les *joyeux* — épithète toujours accolée au nom de *zéphyrs* — avaient aussi inventé le *truc* : Ohé! François! pour voler leurs camarades des autres corps, surtout de ceux nouvellement arrivés en Afrique. Ils se mettaient deux pour exercer cette variété de maraudage. Comme nous couchions alignés derrière nos faisceaux, les deux compères suivaient la ligne des têtes ; l'un d'eux tapait sur l'épaule d'un soldat profondément endormi, en lui disant : — Eh! François! — Je ne m'appelle pas François, répondait le soldat réveillé. — Ah! pardon, je croyais que c'était lui. — Est-ce qu'il n'est pas de votre compagnie? — Je ne le connais pas. Pendant ce colloque, l'homme réveillé s'était soulevé, et le second voleur avait eu le temps de fouiller dans le havresac servant d'oreiller.

Leurs vols portaient beaucoup sur les effets de campement. Ils ne se gênaient pas, dans la journée, pour jeter les leurs au diable ; puis, la nuit venue, ils allaient rapiner ceux des corps voisins. Un caporal, même leur fourrier leur disait : — Vous savez, il me manque un bidon, une marmite ou bien une gamelle. — Au réveil tout était remplacé, même en double ou en triple.

Les zéphyrs étaient devenus la terreur des régiments de ligne. Aussi, quand on en voyait quelqu'un rôder dans les bivouacs, officiers et sous-officiers les chassaient-ils vigoureusement. On était sûr qu'ils étudiaient le terrain dans le jour, pour opérer pendant la nuit.

Il ne faut pas s'en étonner : les bataillons d'infanterie légère d'Afrique — les *zéphyrs* — se composent, en fait de soldats, d'anciens condamnés par les conseils de guerre, ayant subi tout ou partie de leur peine, soit à la prison, soit aux travaux publics, et accomplissant dans ces corps spéciaux le temps de service qu'il leur reste à faire, y compris celui passé en prison, lequel ne compte pas comme service légal.

Cependant, les compagnies de discipline paraissent comme moralité d'un degré au-dessous des bataillons d'infanterie légère. C'est une erreur : les premières — les *camisards*, se recrutent parmi les hommes réfractaires à la discipline et condamnés simplement par les conseils de ce nom, tandis que les autres proviennent des conseils de guerre. Ajoutons que les cadres de l'un et de l'autre corps sont des cadres d'élite.

*
* *

Les zouaves étaient aussi des chapardeurs émérites, mais pas de la même façon que les zéphyrs. Ceux-ci l'étaient par instinct, les zouaves par circonstance; les uns *travaillaient* comme gens du métier, les autres en dilettanti. Nous avons dit assez au long les procédés des *joyeux;* deux faits suffiront pour donner une idée de ceux des *chacals.*

Pour la première fois la colonne du maréchal Bugeaud visitait le village arabe de Tenez, près duquel s'élève aujourd'hui la ville française du même nom. Nous y arrivions par terre, et notre camp occupait le vallon s'étendant du bord de la mer au village arabe, et dont la mer faisait autrefois une crique profonde et sûre.

A peine installé, notre camp fut envahi par les *mercanti* espagnols, maltais et juifs qui suivent les colonnes, portant sur un ou plusieurs mulets des provisions de toutes sortes qu'ils nous vendaient à des prix fous et cependant justifiés par les risques auxquels les exposait leur périlleux commerce. — Disons, en passant, que dans les premières années de la conquête, quelques Français, courageux par tempérament ou par nécessité, faisaient ce commerce utile à l'armée et encouragé, pour cela même, par nos généraux. Je pourrais citer quelques noms de ces misérables *mercanti* d'autrefois, aujourd'hui millionnaires et décorés; mais cela n'entre pas dans mon sujet.

Notre camp de Tenez était à peine dressé, que les marchands affluèrent. L'un d'eux — un Maltais — conduisait deux mulets, le second attaché au bât du premier par une longe. Il était très-affairé, la pratique était très-nombreuse et pressée, lorsque se retournant pour prendre sur le mulet de derrière une denrée que ne portait pas le premier, il ne voit plus sa seconde bête. La longe avait été coupée et le mulet emmené. Jugez du désespoir du pauvre diable. Tous les corps sont prévenus, on fait des recherches; le Maltais ne songe plus à vendre; il parcourt le camp dans tous les sens; mais le camp est vaste; puis il y a les gonnes, le convoi arabe, les douars à proximité.

La nuit arrive, le marchand n'a rien trouvé; il regagne tristement son campement avec l'unique bête qui lui reste, lorsqu'il est arrêté par deux zouaves, plus que gris, qui lui proposent de leur acheter un mulet... Un mulet!... c'était le sien!... des denrées... absolument rien. Tout avait été bu ou vendu.

Ces deux zouaves passèrent en conseil de guerre et furent condamnés au maximum de la peine pour vol.

*
* *

Le second fait de maraudage typique eut lieu cinq ans après à Nemours, où je me trouvais détaché avec ma compagnie.

Nemours, qualifié de port, n'est, en réalité, qu'une rade foraine ouverte à tous les vents. Une balancelle espagnole y arriva vers la chute d'un jour, chargée de vins. Le patron vint à terre, et, accompagné du consignataire, alla demander au commandant de place des hommes pour l'aider à décharger ses fûts au plus vite, ne voulant pas passer la nuit sur rade par crainte du vent qui se levait. On lui donna vingt zouaves; et, deux heures après, les futailles étaient alignées et comptées sur la plage. Les hommes de corvée, bien payés, rentrèrent à leurs baraques.

Le lendemain, le négociant consignataire veut emmagasiner ses fûts; il en manque deux ; il compte une seconde, une troisième fois, il y en a deux de moins que la veille. On cherche, on interroge, on perquisitionne... rien. Pas de traces, pas d'indices. On se perd en conjectures, et mes soupçons, qui naturellement s'étaient portés sur mes hommes, s'effacent devant leur attitude habituelle, je pourrais même dire leur tranquillité.

Trois jours se passent ainsi. Le troisième, mes sous-officiers remarquent qu'il y a une dizaine de zouaves en ribote. Le lendemain, il en part un groupe qui rentre à midi également pris de vin. Après l'appel de midi, nouvelle promenade d'un nouveau groupe qui, comme les précédents, se dirige nonchalamment vers la campagne, et rentre également gris.

Par mon ordre deux sergents les suivent, en se dissimulant de leur mieux. Après bien des détours, ils arrivent à la crête de la colline escarpée au pied de laquelle est bâti Nemours, et que voient-ils ? les deux tonneaux, autour desquels une douzaine de zouaves étaient couchés.

On tenait donc les coupables et le corps du délit. Je me demande encore aujourd'hui comment les coquins avaient pu rouler ces deux fûts de deux cents litres chacun au sommet de cette colline rocheuse, couverte de broussailles et d'une inclinaison de vingt-cinq à trente degrés. C'est là qu'ils allaient par escouades mettre à sec les deux futailles, dont l'une était heureusement encore intacte.

Que faire ? Traduire toute une compagnie en conseil de guerre ?... Je me bornai à quatre heures d'exercice pendant quinze jours.

CHAPITRE XI

Au col des Mouzaïah. — Le voltigeur Arpajou. — Le commandant de Lamoricière sauve le lieutenant Bro.

L'aveu que j'ai fait des défauts des corps spéciaux de l'ancienne armée d'Afrique est assez complet pour que je puisse revenir à ses éminentes qualités, sans être accusé de partialité en faveur de mes anciens camarades. Ma sincérité dans la reconnaissance du mal est un garant de ma véracité dans le récit du bien; le blâme justifie l'éloge; et, Dieu merci! les actions à louer sont des millions de fois plus nombreuses que celles à réprouver.

Le trait saillant du caractère de l'ancienne armée était, avec le courage dans les combats et la constance dans les fatigues, les privations et les intempéries, le dévouement de ses membres les uns aux autres, à tous les degrés de la hiérarchie, la solidarité qui unissait les chefs aux soldats, les soldats aux chefs.

Je remplirais un volume de ces actes de dévouement réciproque, si je voulais en faire un livre spécial; mais mon récit devant embrasser une période assez longue et, conséquemment, des portraits variés ainsi que des aventures diverses, je laisse ma plume suivre mes souvenirs et les noter le long de la route que je suivis dans ma jeunesse.

*
* *

Nous sommes au mois d'avril 1836, sur le col des Mouzaïah, où le maréchal Clausel nous a conduits après deux rudes journées de combat. Il y laisse une partie de son armée, tandis que, avec l'autre, il va installer un bey à Médéah.

Il fait un temps affreux; la neige tombe à flocons, poussée violemment par un vent du nord glacial. Les pitons sont fortement occupés; l'ambulance est établie sur le col même, avec le quartier général. Au-dessous, sur les pentes regardant Médéah, la fusillade ne cesse ni le jour ni la nuit. Le bataillon d'infanterie légère d'Afrique à droite, un bataillon du 2ᵉ léger à gauche, luttent contre les contingents arabes accourus de vingt lieues à la ronde. Il s'accomplit des prodiges de valeur.

Un moment, le 2ᵉ léger est si vivement pressé, que son commandant doit ordonner une charge à la baïonnette qui s'exécute avec un irrésistible élan; on se mêle, on se bat à coups de crosse de fusil. En tête de la charge sont les voltigeurs conduits par leur capitaine, M. de Montredon, dont j'ai déjà eu l'occasion de parler et que j'ai promis à mes lecteurs de faire retrouver. Si M. de Montredon était repoussé par l'odeur de l'ail, il était attiré par celle de la poudre. Son lieutenant, M. de Freytag, est tué à ses côtés ; il tombe frappé à son tour d'une balle à la tête ; les Kabyles se précipitent pour le décapiter ; un voltigeur, nommé Arpajou — un Catalan — le met entre ses jambes et attend les assaillants. Trois Arabes bondissent et arrivent les premiers ; il en tue un d'une balle et les deux autres de deux coups de baïonnette. Trois cadavres ! mais il va peut-être succomber ; déjà il a reçu une blessure, il a vingt Kabyles devant lui ; ses camarades arrivent de leur côté, le combat s'engage plus vigoureux. Arpajou charge son capitaine sur son dos et le porte en arrière. Il reçoit un second coup de feu ; il s'arrête un instant, décharge encore une fois son arme, et, reprenant son précieux fardeau, il le dépose à l'ambulance.

M. de Montredon ne mourut pas de sa blessure ; il en fut quitte pour la perte d'un œil, en échange duquel il reçut l'épaulette de chef de bataillon.

Quant à Arpajou, malgré ses deux blessures, l'une à la jambe, l'autre à la cuisse, il refusa d'entrer à l'ambulance. — « Il y a trop de monde », disait-il; et si l'on insistait : « Laissez-moi ici, répondait-il; je ne puis pas marcher, c'est vrai; mais je puis remplacer un cuisinier, cela fera toujours un fusil de plus. »

Le brave voltigeur fut décoré, puis il prit son congé au renvoi de sa classe, ne sachant, hélas! ni lire ni écrire. Il reprit son métier de vigneron, et nous l'avons revu depuis, portant noblement le ruban rouge à sa veste de travail.

*
* *

Au retour de l'expédition de Médéah, le 2e léger fut laissé à Douera, sous les ordres de M. le général Bro, ancien colonel de hussards, et le type de l'officier de cette arme... beau cavalier, hardi sabreur, mais n'entendant rien à la conduite d'un corps de troupe.

A cette époque, Douera et Mahelma, situés sur les derniers contre-forts sud du Sahel, étaient les grand'gardes de l'armée cantonnée sur le littoral. Ces deux camps dominaient la plaine de la Mitidjah, que peuplait la nombreuse et vaillante tribu des Hadjoutes. Boufarik, placé au milieu de la plaine, à mi-distance de Douera à Blidah, était comme un avant-poste de Douera.

Boufarik, la plus délicieuse ville de l'Algérie

aujourd'hui, était alors un foyer de terribles fièvres
paludéennes; le gouverneur général, comte d'Erlon,
y avait fait construire une redoute au milieu des
marécages couverts d'une forêt de lauriers-roses,
et Boufarik porta pendant longtemps le nom de
camp d'Erlon. Sa garnison était relevée tous les
mois, et elle rentrait presque tout entière sur des
prolonges.

De Douera, nous faisions des excursions très-
fréquentes de jour et de nuit, soit pour exécuter des
razzias, soit pour châtier les Hadjoutes de quelque
nouveau méfait; mais ces coups de main n'avaient
généralement d'autre résultat que des fatigues exces-
sives pour nous. Il était presque impossible de surprendre l'ennemi, prévenu qu'il était de nos expéditions, par la fumée dans le jour, par des feux
pendant la nuit, s'élevant des montagnes de Beni-
Salah et des Mouzaïah, parallèles au Sahel et dis-
tantes d'une dizaine de lieues de Douera.

Ces sorties de notre part ne donnaient lieu qu'à
des combats où nous perdions toujours quelques
hommes. L'ennemi que nous dispersions, en l'abor-
dant, se reformait sur nos flancs et sur nos derrières
dès que nous reprenions le chemin de nos camps,
nous harcelant, nous blessant, nous tuant, nous
enlevant quelque pauvre diable égaré dans les lentisques, épuisé de fatigue, succombant au sommeil,

car c'était par des vingt-quatre, des trente-six heures de marche sans repos, que se comptait la durée de ces courses.

C'est dans une de ces expéditions que je fus témoin d'un de ces actes de dévouement par lesquels officiers et soldats affirmaient leur esprit de solidarité.

Les chasseurs d'Afrique, marchant à l'avant-garde, se trouvèrent un jour, au lever de l'aurore, en présence des Hadjoutes qui, prévenus de notre marche, nous attendaient sur une position choisie.

Chargés aussitôt, les Arabes cédèrent bientôt devant la vigueur de l'attaque et laissèrent passer l'ouragan, les uns en fuyant droit devant eux, les autres en se jetant à droite et à gauche.

Dans cette charge, M. Bro, fils de notre général, sous-lieutenant au 1er chasseurs d'Afrique, eut son cheval tué sous lui ; et, tombé avec sa monture, il se trouva pris sous elle avec une jambe cassée dans sa chute. C'en était fait de lui : les chasseurs, poursuivant leur charge, étaient loin en avant, et l'infanterie n'était pas encore là.

Déjà les Hadjoutes s'étaient rapprochés; ils avaient vu le groupe du cavalier et de son cheval ; ils arrivaient sur lui ; mettant pied à terre, ils allaient couper la tête du sous-lieutenant, lorsque la Providence lui envoie un sauveur.

Le commandant Lamoricière arrivait à la tête de
ses zouaves ; il a vu le péril extrême d'un cavalier —
il ne sait pas qui c'est — il enfonce ses éperons dans
le ventre de son cheval et tombe à coups de sabre
sur les Arabes. Ceux-ci, surpris par cette attaque
imprévue, reculent ; mais voyant qu'ils n'ont devant
eux qu'un seul homme, ils reviennent sur lui, l'entourent en poussant des cris de joie. Ils vont avoir
deux têtes au lieu d'une, lorsque les zouaves accourent au pas gymnastique et, par leur seul aspect,
mettent en fuite ces oiseaux de proie, non sans leur
envoyer quelques balles en guise de cartes de visite.

Ainsi, à quelques mois de distance, un soldat
s'était dévoué pour sauver son capitaine, un chef de
bataillon s'était exposé à la mort pour protéger un
sous-lieutenant. Nous verrons cette noble tradition
constamment suivie dans notre armée.

CHAPITRE XII

Première expédition de Constantine. — Le maréchal Clausel. — Le duc de Nemours. — Le carabinier Mouramble. — Les blessés. — Le carré du 2e léger. — Le capitaine Falret.

L'occupation de Constantine étant reconnue indispensable à la sécurité de notre conquête, une expédition fut résolue contre cette ville, à laquelle on devait donner pour bey le commandant Yusuf.

Malheureusement la politique infesta cette opération militaire et prépara son échec que les rigueurs de l'hiver devaient compléter.

En sa qualité de député, le maréchal Clausel avait été pris pour chef par l'opposition de la Chambre, et le ministère chercha à l'amoindrir comme général, pour pouvoir plus facilement l'annihiler comme adversaire politique. C'est ainsi que, à la demande de renforts nécessaires pour mener à bien l'expédition de Constantine, le cabinet répondit au maréchal qu'il eût à la faire avec les ressources dont il disposait sur place, sinon l'entreprise serait confiée à un autre général.

Ce général était M. Danrémont, que la fatalité semblait pousser vers cette ville où il devait, l'année suivante, trouver la mort. Mais ce que le ministère ne disait pas, c'est qu'un renfort considérable en hommes et en matériel était réuni à Toulon et prêt à être embarqué, en cas de refus de la part du maréchal, en faveur de son successeur.

Enfermé dans ce redoutable dilemme, le maréchal ne pouvait pas hésiter. Il se mit donc en campagne, malgré ses pressentiments, ayant à ses côtés le second des fils du Roi, le duc de Nemours, venu pour partager nos périls, nous soutenir dans nos épreuves et nous donner l'exemple de la plus grande comme de la plus rare des vertus militaires, la constance dans les revers.

Pour cette campagne comme pour toutes les autres, je renvoie mes lecteurs aux *Souvenirs d'un vieux zouave*, me bornant à recueillir quelques traits particuliers, propres à mieux faire connaître le caractère de l'ancienne armée.

*
* *

On sait ce que fut cette première expédition de Constantine, rendue désastreuse beaucoup moins par l'ennemi que par l'inclémence de la saison. La pluie, qui nous avait pris à notre première journée de marche, en quittant Bône, se changea en neige à notre arrivée devant Constantine. Un vent du nord violent et glacial fit considérablement baisser la température; le froid excessif, joint à la privation d'une nourriture suffisante, causa la mort de grand nombre de soldats et de chevaux. On relevait les sentinelles toutes les demi-heures, et il n'était pas rare de les trouver inanimées dans la neige et la boue. Ne pouvant ni se coucher ni même s'asseoir, les hommes en étaient réduits à se grouper par quatre, six ou huit, et, debout, appuyant leur tête et leurs épaules les unes contre les autres, à chercher un peu de repos dans cette attitude de pyramide humaine. Les chevaux tombaient par dizaines chaque jour. Après avoir dévoré les flèches des prolonges auxquelles elles étaient attachées, les malheureuses bêtes mangeaient la queue et la crinière les unes des autres. Il fallait mettre dix chevaux à une voiture pour l'arracher de la boue; encore n'y parvenait-on qu'à grand'peine.

*
* *

Telle était notre situation, lorsque le maréchal se décida à tenter une double attaque par la porte d'El-Kantara et par celle du Coudiat-Aty. Il fallait donc envoyer des ordres au général de Rigny qui commandait les troupes établies sur le Coudiat-Aty dont nous étions séparés par le Rumel, considérablement grossi par la pluie et la neige. Quelques cavaliers tentèrent le passage du torrent, mais ils étaient immédiatement roulés, eux et leur monture, par le torrent furieux qui les entraînait, suivant son cours, sous les murs de la ville.

Un carabinier du 2ᵉ léger se présenta alors pour tenter l'épreuve ; il se nommait Mouramble et faisait partie de la classe libérable. S'étant complétement déshabillé, il suspendit à son cou une bouteille contenant la dépêche et se jeta hardiment dans le Rumel. Deux fois il disparut sous l'eau, deux fois il revint à la surface, luttant contre la violence du courant; enfin il atteignit la rive opposée sans avoir été entraîné trop loin de son point de départ, mais assez près cependant de la ville pour en recevoir une grêle de balles, dont pas une, heureusement, ne l'atteignit. Sitôt après avoir pris pied, il courut vers nos postes, et le général de Rigny lui jeta son manteau sur les épaules.

Mouramble fut décoré pour son action généreuse et passa, à sa libération, dans l'administration des douanes.

*
* *

Les deux attaques eurent lieu la même nuit et simultanément ; elles échouèrent l'une et l'autre : celle d'El-Kantara, parce que les échelles préparées par le génie se trouvèrent trop courtes pour atteindre la crête du mur d'enceinte; celle du Coudiat-Aty, parce que le génie avait oublié de porter des sacs à poudre pour faire sauter la porte.

Le lendemain matin nous levions le siége et battions en retraite.

L'ordre de marche prescrivait que le 63ᵉ formerait l'arrière-garde; mais ce régiment, qui était sur le Coudiat-Aty, fila bon train vers la tête de la colonne, et le bataillon du 2ᵉ léger se trouva, par suite de cette fausse manœuvre, à la place de ce régiment.

Ce fut un hasard providentiel, car, descendant du plateau de Mansourah sur le marabout de Sidi-Mabrouk pour aller passer le Bou-Merzoug en amont de son point de jonction avec le Rumel, il put sauver notre ambulance.

Soit que les ordres eussent été mal donnés, soit que l'insuffisance des attelages ne permit pas d'arracher les prolonges de la boue, nos malheureux malades et blessés étaient abandonnés aux Arabes, qui déjà en avaient massacré quelques-uns. C'est à ce moment, au milieu des cris de douleur et de désespoir, que le 2ᵉ léger, débouchant sur la hauteur, se précipitait au secours de nos pauvres camarades et les arrachait aux mains de leurs bourreaux.

Un escadron de chasseurs, commandé par le capitaine Morris, arrivait quelques instants après, et, grâce à son secours, le sauvetage était complété par la mise en marche de l'ambulance.

*
* *

Ce n'était pas le seul service que le 2ᵉ léger devait rendre ce jour-là à l'armée. Prenant résolûment l'arrière-garde que les circonstances lui imposaient, il empêcha que la retraite ne se changeât en déroute, en repoussant victorieusement les efforts de milliers de cavaliers et de Kabyles acharnés à notre poursuite.

Le carré du 2ᵉ léger est resté célèbre dans nos annales africaines. Pour moi, à quarante-sept ans de distance, j'entends encore retentir cette parole de notre commandant, calme et fièrement campé sur son cheval au milieu de nous : « Soldats du 2ᵉ « léger, ils sont six mille, vous êtes trois cents : la « partie est donc égale. Regardez-les en face et visez « juste. » A ce moment, les Arabes étaient arrivés à portée de pistolet. « Feu! » s'écria l'intrépide commandant, et devant deux faces du carré tomba une ligne de chevaux et de cavaliers ennemis.

Cette manœuvre s'exécuta une seconde fois, mais à plus grande distance, et, depuis lors, les Arabes ne nous suivirent que de loin.

En reprenant notre marche, le commandant Changarnier aperçut, à deux cents mètres de nous, le 63ᵉ cheminant tranquillement vers le campement qu'on voyait déjà s'installer au Summah. Cette vue réveilla toute sa colère. Appelant son adjudant-major, M. Ladreit de Lacharrière : « Capitaine, « lui cria-t-il, allez dire à ce colonel, de ma part, « qu'il est un c...ion. »

M. de Lacharrière, officier distingué, devenu général, et mort à l'ennemi pendant le siége de Paris en 1870, homme austère, aussi roide dans le service que dans sa personne, pique droit au colonel du 63ᵉ, M. Hecquet. Celui-ci, voyant venir à lui un officier qu'il suppose chargé d'une mission, s'avance de quelques pas : « — Qu'y a-t-il, capitaine ? — Il y a, « répond notre adjudant-major, que le commandant « Changarnier m'envoie vous dire que vous êtes un « c...ion. » M. de Lacharrière salue froidement, tourne bride et rejoint son commandant, laissant le colonel Hecquet tout abasourdi.

Celui-ci n'était pas au bout de ses peines. A peine arrivé au Summah, où l'état-major général était encore à cheval pour recevoir les corps qui arrivaient successivement et en désordre, il fut vertement apostrophé par le maréchal et renvoyé à l'arrière-garde. Comme nous arrivions nous-mêmes au camp, le 63ᵉ n'eut pas bien loin à aller.

*
* *

Les Arabes tenus à distance, nous avions traversé sans encombre le Bou-Merzoug; mais, là encore, nous devions être affligés par le spectacle d'un des tristes effets de la souffrance que nous endurions depuis huit jours.

Les tirailleurs d'extrême arrière-garde avaient passé le torrent, lorsque, arrivés sur l'autre rive, ils virent un des leurs tranquillement assis de l'autre côté. C'était un nommé Bastide, né dans l'Ariége. On l'appelle, on le presse, on lui ordonne de se hâter de passer l'eau; il ne bouge pas. A tous les cris, à toutes les objurgations il répond invariablement par ces trois mots en patois : « Feran oun poun », On fera un pont !... Le pauvre garçon était devenu fou. La distance du gros du bataillon était déjà trop grande; le temps pressait; on ne pouvait pas en perdre encore en repassant le torrent; il fallut partir, abandonnant ce malheureux, auquel les Arabes, qui nous suivaient comme des chacals, coupèrent la tête à notre vue.

* *

Nos pertes par le feu de l'ennemi furent insignifiantes comme nombre; mais elles comprenaient un de nos officiers, le capitaine Falret, tué d'une balle à la tête, lors de la première formation du carré.

Comme nous n'avions pas un seul cacolet avec nous, il ne fallait pas songer à emporter son cadavre — on ne sauvait que les blessés — on se borna à lui enlever son sabre et ses épaulettes au moment de se remettre en route. A notre arrivée au bivouac, sa mort étant connue, nous vîmes son ordonnance, qui avait pris les devants avec les bagages, se livrer à tous les signes de la plus vive douleur : il geignait, il pleurait, il s'arrachait les cheveux. Touchés de son désespoir, nous le consolions de notre mieux : « Que voulez-vous, mon brave? Il n'y a pas de « remède à cela... c'est notre sort. C'était aujour- « d'hui votre capitaine; demain ce sera peut-être « moi ou tel autre... chacun son tour... » Et autres banalités de ce genre.

Enfin, ce serviteur désolé nous dit entre deux sanglots : « Je le sais bien... que voulez-vous? Il « est mort, il est mort... vous avez rapporté son « sabre et ses épaulettes, mais il avait dix-huit cents « francs en or dans sa ceinture... »

Tout était là : affection, douleur et regrets.

Le capitaine Falret, officier de l'ancienne légion des Basses-Alpes, était fort peu sympathique. On ne l'aimait pas à cause de sa sécheresse de cœur et de son avarice. En 1835, bien que le pantalon rouge eût remplacé le pantalon bleu depuis quatre ans environ, il portait encore ses pantalons d'avant la transformation, auxquels il s'était contenté de faire coudre du drap rouge des genoux aux talons. Comme les officiers portaient alors de très-longues capotes, ce rafistolage d'Harpagon ne se voyait pas trop. C'est ainsi que, sou par sou, le pauvre homme avait pu léguer dix-huit cents francs en or aux Arabes, et mériter l'oraison funèbre que lui fit son soldat.

CHAPITRE XIII

Le général de Rigny. — Retraite. — Contrastes. — Disgrâce du maréchal Clausel.

C'est au camp de Soummah que commença un drame militaire dont le dénoûment eut lieu devant un conseil de guerre.

J'ai dit plus haut, en parlant du carabinier Mouramble, que le général de Rigny commandait les troupes du Coudiat-Aty. En quittant leurs positions, ces troupes se mirent en un tel désordre que leur retraite put être qualifiée de débandade. Le maréchal irrité voulut connaître la cause d'une pareille panique, et on lui rapporta que le général de Rigny, s'exagérant les dangers de la colonne qu'il commandait, avait non-seulement donné une fausse alerte à l'armée, — il avait, dit-on, crié : Sauve qui peut ! — mais encore tenu des propos coupables contre le maréchal.

Le premier mouvement de celui-ci fut de lui ôter son commandement ; il se contenta de flétrir sa conduite par l'ordre du jour suivant :

AU BIVOUAC DU MARABOUT DE SIDI-TAMTAM
SUR L'OUED-ZENATI.

« Honneur soit rendu à votre courage, soldats !
« Vous avez supporté avec une admirable constance
« les souffrances les plus cruelles de la guerre. Un
« seul a montré de la faiblesse; mais on a eu le bon
« esprit de faire justice des propos imprudents ou
« coupables qui n'auraient jamais dû sortir de sa
« bouche. Soldats, dans quelque situation que nous
« nous trouvions ensemble, je vous en tirerai tou-
« jours avec honneur, recevez-en l'assurance de
« votre général en chef.

« Soldats, souvenez-vous que vous avez la gloire
« de votre pays, votre belle réputation et un fils de
« France à défendre. »

Le général de Rigny fut traduit devant un conseil de guerre qui l'acquitta, grâce à la déposition bienveillante du commandant Changarnier. C'était prévu : les ennemis du maréchal tenaient le bouc qui devait porter et expier leurs propres fautes.

*
* *

L'expédition de Constantine avait duré dix-sept jours. Elle nous avait coûté quatre cent cinquante-quatre hommes, dont cent soixante-quatre morts à la suite de leurs blessures, ou enlevés par le froid, la faim et les fatigues ; deux cent seize tués, soixante-quatorze égarés ; il y avait en outre deux cent quatre-vingt-huit blessés. L'influence délétère des pluies, des gelées, d'un climat où, d'après les vieux officiers, on retrouvait les glaces de Moscou et les boues de Varsovie, plus encore que le plomb des Arabes, avait enlevé environ le vingtième du corps expéditionnaire.

*
* *

L'opinion publique ne ratifia pas l'acquittement du général de Rigny. Elle s'obstina à voir dans le verdict du conseil de guerre deux causes qui, de nature contraire, concouraient, dans ce cas, au même résultat : la position de l'accusé, aide de camp du Roi, frère du ministre de la marine; celle de l'accusateur, chef d'un groupe opposant à la Chambre des députés. Pour se débarrasser du maréchal, il fallait le faire échouer devant le conseil de guerre, comme il avait échoué devant Constantine.

A ces considérations politiques se joignaient, contre le maréchal, des haines personnelles et le désir de certains individus de se venger des lâches frayeurs que cette campagne leur avait causées.

Parmi ceux de ces accusateurs qui se montrèrent les plus acharnés, il faut citer M. Baude, un député, qui, suivant l'expédition, on ne sait à quel titre, conseillait au maréchal de *s'échapper pendant la nuit,* au lieu de se maintenir jour par jour, pas à pas, devant les Arabes; d'abandonner le matériel *pour alléger l'armée;* de partir avec *la cavalerie seule,* laissant le reste des troupes se tirer d'affaire comme elles pourraient; qui allait de groupe en groupe, disant d'une voix larmoyante aux soldats comme aux officiers : « Dieu est miséricordieux, il nous sauvera ! »

Je n'ai pas à dire avec quel dégoût et quelle indignation ces lâches conseils étaient accueillis par le maréchal et le duc de Nemours. Le prince se montra toujours d'une fermeté inébranlable. Il avait, lui aussi, de nombreuses privations à supporter; ses bagages étaient perdus, il n'avait pas de quoi se nourrir, il souffrait du froid comme nous, mais il n'était sensible qu'aux souffrances des soldats, auxquels il prodiguait les encouragements de sa parole et de son exemple.

Pendant la retraite, nous eûmes de nombreux témoignages de la sollicitude de nos officiers pour leurs soldats. Objet des soins les plus minutieux, les malades, les blessés furent à l'abri non-seulement de toute atteinte, mais encore de toute alerte. Les moyens de transport des ambulances étaient insuffisants, quelques officiers supérieurs abandonnèrent leurs cantines pour les augmenter, et l'on en vit plus d'un d'entre eux conduisant par la bride leurs propres chevaux abandonnés à quelque soldat. — Du reste, j'ai vu plus tard le duc d'Aumale en faire autant, lorsqu'il était lieutenant-colonel. — La tente même du maréchal servit plus d'une fois d'abri momentané à des morts, en attendant qu'on pût leur en donner un éternel.

*
* *

Mais c'était un parti pris : le maréchal Clausel devait être sacrifié; et, le 12 février 1837, il fut remplacé dans le gouvernement général de l'Algérie par le lieutenant général Danrémont.

Aigri par tant d'injustice, le maréchal répondit à sa révocation par une protestation publique qui produisit dans la France entière une profonde émotion. Je l'ai sous les yeux; et, ne pouvant la reproduire *in extenso,* je veux du moins en donner quelques passages :

« Je puis vous le dire, à vous, jeunes généraux,
« qui rêvez la reconnaissance de votre pays, pour
« avoir joué votre vie en toute circonstance pour lui.
« Voici ce qui vous attend, si jamais les circonstances

« vous offrent l'occasion de faire ce que j'ai fait.

« Si la patrie appelle tous ses enfants, vous par-
« tirez comme soldats, vous gagnerez tous vos grades
« à la pointe de l'épée. Dans l'espace d'une cam-
« pagne, vous assisterez à cinq batailles et à soixante
« combats; vous obtiendrez la reddition de plusieurs
« villes, en enseignant comment on peut les prendre.
« Après avoir apporté au pouvoir cent drapeaux pris
« à l'ennemi, dont quelques-uns l'ont été de votre
« fait, vous refuserez le grade de général pour re-
« tourner là où l'on peut combattre; vous irez faire
« la guerre où l'on vous appellera; vous serez chargés
« de l'abdication d'un roi; et quand ce roi vous
« donne un tableau dont un empereur vous offre
« un million, vous donnerez ce tableau au musée
« national. (*La Femme hydropique*, de Gérard Dow.)
« Vous négocierez la réunion d'un royaume à la
« France, et vous arriverez au but. . . . . . .
. . . . »

Le maréchal continuait dans cette forme saisis-
sante l'énumération de ses éclatants services de
guerre, et celle des chagrins dont il était abreuvé;
puis il terminait son plaidoyer dans les termes sui-
vants :

« Allez donc, jeunes généraux, allez, risquez
« votre vie; consumez toutes vos belles années dans
« les fatigues et les privations; donnez votre sang

« sans calcul et sans mesure; espérez la gloire, le
« nom, la fortune; allez, allez, voilà ce qui vous
« attend, car voilà ce qu'on m'a donné. . . .

. . . .

« J'ai été triste, mais je n'étais pas désespéré.

« J'avais encore mon épée : on me l'a ôtée, autant
« du moins qu'on pouvait me l'ôter ; on a laissé une
« carrière de victoires trébucher sur un revers, sans
« vouloir lui laisser prendre un dernier laurier; on
« a pensé sans doute que j'étais assez tombé pour
« m'empêcher de me relever. Non! non! je me
« relève, moi; je me relève pour rentrer la tête
« haute dans mes foyers! Je me relève, et, sur le
« seuil de cette maison paternelle où je retourne, je
« poserai, entre la calomnie et moi, ma vieille épée
« de combat.

« Regardez-la bien : elle n'a ni or ni diamants à
« sa monture; elle n'a que du sang sur sa lame :
« c'est le sang des ennemis de la France.

« Maréchal CLAUSEL. »

CHAPITRE XIV

Deuxième expédition de Constantine. — Le général Danrémont. — Le duc de Nemours. — Les capitaines de Ladmirault et Tixador. — Les capitaines de Garderens et Leflo. — Pressentiments. — Le colonel Combes. — Le fourrier Bolnix.

Le général Danrémont allait donc accomplir la mission à laquelle le destinait depuis un an le gouvernement, et qu'il ambitionnait lui-même avec cette ténacité que mettent les hommes à courir au-devant de leur destin.

Cette expédition est connue dans son ensemble; les travaux et les misères du siége, les dangers et la gloire de l'assaut ont été publiés; il n'y a que quelques particularités, connues des seuls acteurs de ce drame, qui puissent intéresser mes lecteurs. Je vais donc recueillir mes souvenirs.

Cette fois encore, un seul bataillon du 2ᵉ léger prenait part à la campagne contre Constantine. Il était commandé par M. Leblanc de Sérigny, officier aussi distingué par sa bravoure que par son éducation, et formait, avec un bataillon de zouaves, un régiment aux ordres du lieutenant-colonel de Lamoricière.

Le corps expéditionnaire s'organisait à Mjez-Amar, où le duc de Nemours nous avait rejoints, désireux de prendre sa revanche de l'année précédente. Le prince commandait la division dont faisait partie le régiment de marche Lamoricière, et c'est en cette qualité qu'il eut à se prononcer dans le conflit intéressant que voici :

M. Tixador, capitaine de zouaves, avait demandé et trouvé, en 1836, un permutant dans un régiment de France : c'était M. le capitaine de Ladmirault. L'affaire traîna en longueur au ministère, et M. Tixador partit avec sa compagnie pour Constantine, se félicitant d'un retard qui lui permettait de prendre sa part de combats et d'aventures dont il était friand. Il ne pensait même plus à sa permutation, lorsqu'il vit, un beau matin, M. de Ladmirault arriver dans sa tente.

— Mon cher camarade, je viens prendre votre place.

— Comment! prendre ma place... mais non pas, certes.

— Pardon : vous n'êtes plus aux zouaves, mais au... de ligne. Voici mon ordre de service, et le vôtre doit vous être remis par votre chef de corps.

— Je ne m'en irai pas avant la fin de l'expédition.

— Moi, j'invoque mon droit et je prends votre compagnie.

Le conflit s'envenimant, on se rendit chez le colonel. Celui-ci, se trouvant fort embarrassé, en référa à son général.

Le prince vit et écouta les deux plaideurs; puis, la cause entendue, il prononça le jugement suivant, digne du grand roi Salomon : « Puisque l'occasion « se présente d'avoir deux bons officiers au lieu « d'un seul, nous gardons MM. les capitaines Tixador « et de Ladmirault jusqu'à la fin de la campagne qui « commence. »

M. Tixador est mort lieutenant-colonel, et l'on sait la glorieuse carrière de M. de Ladmirault.

*
* *

Un type remarquable d'officier casse-cou, c'était le capitaine de zouaves M. de Garderens de Boise-du-Bousquet, mort général de brigade. Il poussait la bravoure jusqu'à l'extravagance, et s'il avait commandé de la cavalerie, il eût, comme Murat, chargé une cravache à la main. Par malheur, ni son instruction ni son jugement n'étaient en rapport avec ces brillantes qualités de soldat. Voici un trait de son caractère.

Le jour même de notre arrivée devant Constantine, une fausse attaque fut exécutée contre la porte d'El-Kantara par la division de Nemours, dans le but d'attirer les forces des assiégés sur ce point de la ville, et de faciliter ainsi le passage du Rumel à la division Rhulière allant s'établir sur le Coudiat-Aty. L'opération terminée, le régiment de marche fut massé dans un pli de terrain du Mansourah où il était défilé des boulets de la ville.

Les assiégés remplacèrent alors ce genre de projectiles par des bombes, dont une tomba près d'un groupe d'officiers réunis autour du duc de Nemours. Le cheval du prince, effrayé, fit un bon énorme qui faillit désarçonner son cavalier. En même temps l'ordre : « Couchez-vous! » était crié par le colonel Lamoricière. Tout le monde obéit, officiers et soldats, excepté le capitaine de Garderens, qui, debout, fumait un cigare, en regardant la mèche de la bombe se consumant à ses pieds. L'énorme projectile éclata, brisant deux faisceaux de fusils, coupant un bras à un homme qui s'était borné à s'asseoir, et sans toucher le capitaine.

Le duc de Nemours et le colonel de Lamoricière firent des reproches mérités à M. de Garderens. Le prince lui représenta sévèrement que s'il était noble et grand d'exposer sa vie quand le sacrifice pouvait en être utile à la patrie, on était coupable de la risquer sans aucune utilité, comme il venait de le faire, avec un bloc de fonte contre lequel il n'avait aucun moyen d'attaque ni de défense.

Cet incident eut une autre suite : les officiers se trouvèrent blessés de l'attitude de M. de Garderens, et l'un d'eux fut chargé de lui demander une explication. Ce fut à M. Leflo qu'échut cette mission, et ce jeune capitaine du 2ᵉ léger, aussi brave, aussi brillant au feu que M. de Garderens, mais bien autrement intelligent et instruit que lui, s'acquitta de sa mission avec autant de correction que de fermeté.

Il demanda à son collègue si, par son inutile bravade, il avait voulu montrer qu'il avait plus de courage que ses camarades, et M. de Garderens ayant protesté que telle n'avait pas été son intention, l'affaire en resta là.

Le capitaine de Garderens se distingua, quelques jours après, d'une manière plus utile à l'armée, en allant, dans la nuit qui précéda l'assaut, reconnaitre la brèche avec le capitaine du génie Boutault.

C'était un singulier homme que ce M. de Garderens : ses excentricités en faisaient un sujet d'étonnement, non moins que sa bravoure éclatante. Il devint, comme nous l'avons dit, colonel du 6ᵉ de ligne, et, comme tel, il avait fait placer dans toutes les chambres de son régiment un placard contenant ses états de service, à côté de celui relatif aux

7

marques extérieures de respect, au paquetage des effets, au démontage des armes, etc. Il y avait certes, dans cette lecture, de quoi exciter l'admiration des soldats et leur désir d'imiter leur colonel; mais on doit convenir que le fait est assez étrange pour que jamais aucun chef de corps ne l'ait imité, et qu'il révélait, chez son auteur, tout autre chose que de la modestie.

* * *

On a beaucoup parlé des pressentiments qu'a, généralement, tout homme marchant vers un inconnu qu'il sait plein de dangers. J'ai vu beaucoup de mes camarades manifester hautement leur conviction d'être tués dans telle ou telle journée, et en sortir sains et saufs; d'autres, au contraire, y être tués, lorsqu'ils témoignaient, le matin, l'assurance d'en revenir sans une égratignure.

Ce que je vais dire ne prouvera donc absolument rien ni pour ni contre les pressentiments; mais on y verra deux faits bien singuliers se rapportant à l'état de l'âme en ces moments suprêmes où l'homme est en quelque sorte placé entre la vie et la mort.

La première colonne d'assaut, composée de quarante sapeurs et mineurs, de trois cents zouaves et des deux compagnies d'élite du 2ᵉ léger, sous les

ordres de son chef immédiat, le colonel de Lamoricière, était réunie dans la place d'armes, derrière la batterie de brèche. Un de mes compatriotes, un fourrier de zouaves, nommé Boluix, — j'étais alors fourrier de carabiniers, — vint me serrer la main, et me voyant fumer : « Ah! donne-moi, me dit-il,
« une cigarette. Je n'ai plus de tabac depuis deux
« jours, et je sens là — en montrant son front —
« que c'est la dernière que je fumerai.

« — As-tu fini de dire des bêtises? lui répon-
« dis-je.

« — Des bêtises?... Retiens bien ce que je te dis :
« je ne dépasserai pas la crête de la brèche. »

Un instant après, le signal était donné; nous franchissions, au pas de course, les soixante mètres qui nous séparaient du rempart; la brèche était enlevée, mais nous nous trouvions arrêtés par une seconde enceinte dans laquelle donnait accès une énorme porte en fer. Un pêle-mêle s'ensuivit, les corps étaient confondus.

Pendant que le capitaine Tixador des zouaves — l'émule de M. de Ladmirault — ouvrait hardiment la porte en fer, qui n'était que poussée, les carabiniers du 2ᵉ léger prenaient, à gauche, une ruelle qui les conduisait à une batterie casematée, dont les artilleurs se firent tuer sur leurs pièces, et les voltigeurs arrivaient, par leur droite, à la caserne des janissaires, évacuée par ses défenseurs.

En ce moment, je rencontrai mon ami Boluix.

« — Eh bien ! lui dis-je, nous voici sur la brèche,
« et tous deux bien portants, Dieu merci !

« — Oui, me répondit-il, mais je ne suis pas au
« delà. »

Le temps n'était pas aux conversations ; je suivis notre commandant, qui fut tué avec quarante carabiniers ; la batterie casematée était prise, nous avancions lentement, lorsque la mine de la brèche fit explosion. Trois cents hommes y furent blessés ou tués ; Boluix était de ces derniers.

*
* *

Pendant que nous fumions cette cigarette, qui devait être la dernière de mon brave camarade, un groupe s'était formé dans la masse compacte des soldats. Il était composé d'officiers de tous grades, et ces messieurs causaient de telle façon que nous ne perdions pas une parole de leur entretien.

« — Tiens, dit tout à coup le colonel Combes,
« qui devait commander la 2ᵉ colonne, — c'est
« aujourd'hui un vendredi... un treize... un mois
« d'octobre... une année 1837... l'assaut est fixé à
« sept heures... Quelle réunion de chiffres impairs !
« Beaucoup d'individus, qui auront la tête cassée

« aujourd'hui, ne manqueront pas d'attribuer leur
« malheur à ce concours de circonstances fatales ! »

Le brave colonel fut tué en enlevant une barricade, ou, pour être plus exact, il y reçut deux balles en pleine poitrine. Il eut la force, néanmoins, de descendre, appuyé sur deux grenadiers, jusqu'à la batterie de la brèche, où se tenaient le duc de Nemours et le général Valée. Celui-ci avait pris le commandement en chef, à la mort du général Danrémont, tué la veille par un boulet en pleine poitrine. Le colonel rendit compte modestement du succès de la journée, et alla expirer sous sa tente.

Le colonel Combes devait être la dernière des victimes de cette campagne meurtrière. Avant lui, étaient tombés au champ d'honneur le général en chef, son chef d'état-major général, M. Pérégaux, et cinq officiers supérieurs. Le général du génie de Caraman succomba sous l'influence du mauvais temps et de la fatigue ; quatre-vingt-onze officiers subalternes et huit cents sous-officiers et soldats eurent un sort pareil, par la maladie ou par le feu de l'ennemi.

Pour ne citer que ma compagnie, nous étions montés à l'assaut au nombre de trois officiers et de quatre-vingt-dix sous-officiers et soldats ; j'étais seul gradé, avec trente-deux hommes, à la revue que passa quelques jours après le duc de Nemours, accompagné du prince de Joinville, venu de Bône où son escadre était mouillée, mais arrivé trop tard à Constantine pour prendre sa part de nos travaux.

CHAPITRE XV

Le colonel de Schombourg. — Les Bibans.

Mon intention n'étant pas de recommencer ici l'histoire de la guerre d'Afrique, je passe sur les faits militaires qui suivirent la prise de Constantine, pour ne m'arrêter qu'à quelques figures saillantes et à des incidents assez caractéristiques pour être restés gravés dans ma mémoire.

Du groupe de superbes têtes de soldats qu'en me recueillant j'ai là devant mes yeux, se détache celle de M. de Schombourg, colonel du 1er chasseurs d'Afrique, avant M. Le Pays de Bourjoly. Il était de la forte race alsacienne. A ses formes athlétiques, à sa voix de tonnerre, à la rudesse de son langage, à la sévérité de sa discipline, il ne manquait que le casque à cimier, la cuirasse, les cuissards, le bouclier, l'épée à deux mains et le cheval bardé de fer, pour qu'il fut pris pour un burgrave sortant armé de son tombeau de granit. On n'eût jamais soupçonné que sa large main, habituée depuis le premier empire à frapper avec la grande latte des cuirassiers, fût assez légère pour manier le crayon et le pinceau; cependant M. le colonel de Schombourg dessinait et peignait, même avec un certain talent. Le 77ᵉ de ligne — ancien 2ᵉ léger — possède de lui, un tableau qu'il peignit à son intention, dans des circonstances que je puis rappeler en peu de mots.

Une expédition avait été projetée par le gouverneur contre les tribus des bords de l'Isser, à l'est d'Alger. Par une marche de nuit, une colonne, partant du Fondouk, devait arriver sur elles par terre, tandis qu'une autre, embarquée à Alger, atterrirait à l'embouchure de l'Isser. La colonne de terre, commandée par le colonel de Schombourg, exécuta la partie du plan qui lui incombait, bien que retardée dans sa marche par un très-violent orage, et, à la pointe du jour, elle se trouva au centre de la tribu ennemie. Mais ce même orage empêcha l'embarquement de la colonne d'Alger, de sorte que nous eûmes à supporter seuls l'effort d'un ennemi cinq fois plus nombreux que nous.

La journée fut bien rude, quoique le colonel eût pris sa route par le bord de la mer, de manière à avoir son flanc droit couvert. Nous avions épuisé nos cartouches, nous brûlâmes celles de cavalerie, que les sous-officiers nous apportaient dans des musettes. Notre section d'obusiers de montagne n'avait plus une seule gargousse, — et je note, en

passant, que cette section d'artillerie était commandée par le lieutenant Bosquet, le futur maréchal de France. — Alors on se battit corps à corps, on se poignarda, on se déchira. Un de nos carabiniers, luttant contre trois Arabes, les tua tous les trois; et c'est ce combat héroïque que le colonel de Schombourg reproduisit dans un beau tableau offert au 2ᵉ léger, pour lequel il avait une estime profonde. « Avec le 2ᵉ léger et mes chasseurs, disait-il, je vou-
« drais traverser l'Afrique dans tous les sens. »

*
* *

Très-dur et très-méfiant avec les Arabes, qu'il connaissait bien, le colonel de Schombourg faillit nous rendre victimes de son scepticisme poussé à l'excès. Un Arabe ayant été pris dans l'intérieur de notre camp, le colonel lui fit donner la bastonnade pour le forcer à parler. Au vingtième coup, le patient se décida à nous dire que nous serions attaqués dans deux jours, par toutes les tribus riveraines de l'Isser et du Boudouaou. Le colonel n'en tint aucun compte, prétendant que l'espion avait imaginé cette fable pour se soustraire au restant des cinquante coups de bâton auxquels il l'avait condamné, et il partit en effet le lendemain matin avec la majeure partie de sa colonne, ne laissant à la redoute à peine ébauchée du Boudouaou qu'un faible bataillon du 2ᵉ léger, un autre du 48ᵉ de ligne, un peloton de chasseurs et la section d'artillerie, sans gargousses.

L'Arabe n'avait dit que trop vrai. A la pointe du deuxième jour, nous nous trouvâmes enveloppés par six mille Kabyles et cavaliers, dont l'attaque fut si rapide et si violente qu'ils pénétrèrent jusqu'au milieu du camp. Des centaines de femmes les accompagnaient, les encourageant par leurs cris de fureur. Jamais, peut-être, combat plus ardent ne s'est livré en Afrique. Enhardis par la vue de notre petit nombre et par la confusion résultant d'une pareille surprise, les Arabes montraient une audace inouïe, et nous sentions, nous, que nous combattions pour notre vie. Notre situation était si compromise que le commandant de la Torre, notre chef, songea à envoyer un cavalier à Alger, non pour demander du secours — il arriverait trop tard — mais pour donner avis de notre destruction.

Mais comment percer le cercle qui nous enserrait sans discontinuité? Quel cavalier oserait tenter cette périlleuse aventure? Il y en eut un cependant : un brigadier du peloton de chasseurs. Il demanda seulement le cheval de son officier; puis, ramassant le fusil d'un Kabyle mort et s'enveloppant soigneusement dans un burnous, il se mêla aux cavaliers arabes en faisant la *fantasia*. Il arrivait aux derniers rangs, lorsque son burnous, dérangé par sa mimique, s'ouvrit et laissa voir l'uniforme des chasseurs. Il n'eut que le temps de piquer droit devant lui, pour échapper à la poursuite de l'ennemi dont les balles sifflaient à ses oreilles, et il franchit ainsi les quatorze lieues qui le séparaient d'Alger, sans arrêter le galop ou le trot allongé de son cheval. Le pauvre animal tomba mort à la porte du palais du gouvernement, comme le soldat de Marathon, mais en annonçant, au lieu d'une victoire, un désastre.

*
* *

Ce désastre nous paraissait inévitable, et il dut sembler tel au gouverneur d'abord, puis à la population et aux troupes d'Alger, qui entendirent battre la générale dans la ville et la banlieue. Deux heures après, une forte colonne sans bagages partait à marches forcées pour le Boudouaou, où, à son arrivée, elle fut reçue par ceux dont elle croyait avoir à ensevelir les corps mutilés. Que s'était-il donc passé ?... Un de ces incidents infiniment petits dans leur cause et si grands dans leurs effets qu'il est impossible de ne pas y voir la main de la Providence.

Une compagnie du 48ᵉ avait été détachée à la ferme de l'Arasauta, à trois kilomètres en arrière du camp, du côté d'Alger. L'officier qui la commandait, entendant une fusillade persistante et nourrie du côté du camp, n'hésita pas à se porter en avant, ne laissant que quelques hommes à la garde du poste. A mesure qu'il avançait, la situation se dessinait clairement à ses yeux. Prenant aussitôt une détermination intelligente et énergique, il déployait une de ses sections en tirailleurs et faisait battre la charge par ses deux tambours.

Les Arabes, surpris par ce bruit et par les balles des nouveaux assaillants, et s'imaginant qu'ils ont sur leurs derrières les troupes d'Alger, s'enfuirent dans toutes les directions, poursuivis à outrance par ceux qu'ils attaquaient un quart d'heure avant.

*
* *

La plus grande partie de l'année 1839 se passa tranquillement. Le prince royal en profita pour visiter en détail notre conquête et consolider, par sa présence, la soumission de la plus grande partie des tribus de l'ancien beylik de Constantine. C'est dans ce but que fut résolue l'expédition dite des Bibans, consistant à arriver à Philippeville par mer et à rentrer à Alger par terre, en traversant la province de Constantine et en franchissant les redoutables Portes de fer.

Ici, pas de faits de guerre à raconter, pas d'individualités à signaler — nous n'eumes que deux combats insignifiants, — mais un site extraordinaire à dépeindre. Comme j'ai sous les yeux le tableau qu'en a fait le duc d'Orléans lui-même, dans le splendide volume gracieusement offert aux officiers faisant partie de l'expédition, je n'ai qu'à copier.

« Le 28 octobre, la division d'Orléans se mit en route à dix heures et demie du matin. La colonne marchait depuis une heure, tantôt dans le lit de l'Oued-Bou-Ketunn, tantôt sur l'une ou l'autre de ses rives, lorsque la vallée, assez large jusque-là, se rétrécit tout à coup, et nous commençâmes à voir se dresser devant nous d'immenses murailles de rochers dont les crêtes, pressées les unes contre les autres, *festonnaient* l'horizon d'une manière tout à fait singulière. Nous nous mîmes alors à gravir un sentier rapide sur la rive gauche du torrent, et après de rudes montées et des descentes pénibles, où nos sapeurs durent travailler pour faire un passage aux mulets, nous nous trouvâmes au milieu de cette gigantesque formation de rochers escarpés que nous avions admirés devant nous quelques pas auparavant.

« Ces grandes murailles calcaires, de huit à neuf cents pieds de hauteur, se succèdent, séparées par des intervalles de quarante à cent pieds qu'occupaient des parties marneuses, détruites par le temps. Une dernière descente, presque à pic, nous fit arriver au milieu du site le plus sauvage, où, après avoir marché au milieu des rochers dont le surplomb s'exhausse de plus en plus, et après avoir tourné à droite, à angle droit, dans le lit du torrent, nous nous trouvâmes dans un fort resserré, où il eût été facile de nous fusiller à bout portant du haut de ces espèces de murailles, sans que nous eussions pu rien faire contre les assaillants.

« Là se trouve la première *Porte,* ouverture de huit pieds de large, pratiquée perpendiculairement dans une de ces grandes murailles, rouges dans le haut et grises dans le bas. Des ruelles latérales, formées par la destruction des parties marneuses, se succèdent jusqu'à la seconde *Porte,* où un mulet chargé peut à peine passer. La troisième est quinze pas plus loin en tournant à droite. La quatrième porte, plus large que les autres, est à cinquante pas de la troisième ; puis le défilé, toujours étroit, s'élargit un peu, et ne dure guère que trois cents pas.

« C'est du haut en bas des murailles calcaires que les eaux ont péniblement franchi ces étroites ouvertures auxquelles leur aspect extraordinaire, et dont aucune description ne peut donner l'idée, a si justement mérité le nom de *Portes*. C'est là que s'est précipitée notre avant-garde, ayant à sa tête le prince royal et le maréchal-gouverneur, au son des musiques militaires, aux cris de joie de nos soldats, qui ébranlaient ces rochers sauvages. Sur leurs flancs, nos sapeurs ont gravé cette simple inscription : *Armée française,* 1839.

« En sortant de ce sombre défilé, nous avons trouvé le soleil, une jolie vallée, et bientôt chaque soldat gagnait la grand'halte, à peu de distance de là, ayant à la main une palme arrachée au tronc de vieux palmiers qui, à l'ombre redoutable des rochers du Biban, s'étaient crus en vain à l'abri des outrages de nos sabres.

« L'armée mit trois heures et demie à traverser ce dangereux défilé, dont le passage ne lui fut point disputé. Un beau soleil éclaira toute notre grand'-halte, pendant laquelle l'ivresse joyeuse de nos régiments se manifestait de mille manières et par une foule de ces mots que savent improviser les soldats français. Nos baïonnettes couronnaient les hauteurs voisines ; un orage, éclatant au loin à notre droite, mêlait ses éclairs et l'éclat du tonnerre aux bruyants accords de nos musiques militaires, et chacun de nous se livrait à l'espoir, sentant que l'on venait d'accomplir la partie la plus difficile de notre belle entreprise, que la moindre crue d'eau, qui ne s'élève pas à moins de trente pieds entre les *Portes,* eût rendue impossible. »

Je n'ai plus que deux faits à mentionner, touchant cette expédition : le premier, c'est le respectueux hommage rendu par le prince royal au maréchal-gouverneur lorsque, à notre dernière grand'halte, à la *Maison carrée,* il voulut défiler, l'épée à la main, à la tête de sa division, devant son général en chef.

Le second souvenir est celui du repas offert par le duc d'Orléans à toutes les troupes présentes à Alger, sur la place Bab-el-Oued, et la remise qui lui fut faite, au nom de l'armée, par un capitaine d'infanterie, d'une palme coupée aux *Portes de fer* et montée en argent.

Ce n'était pas de la joie, c'était du délire !

Ce n'était pas de l'amour qu'avait l'armée pour le prince : c'était du fanatisme !

Qui nous eût dit que quelques mois après...?

Mais il était un obstacle à la punition que Dieu nous réservait, et Dieu nous le prit.

CHAPITRE XVI

Les spahis. — Le colonel Marey-Monge, le lieutenant Vergès. — Le brigadier Moncel.

Ainsi que les zouaves, les spahis tirent leur nom et leur origine des troupes employées par les deys, au temps de la régence, et plus particulièrement affectées à leur garde personnelle. Les premiers — infanterie — étaient spécialement recrutés dans la tribu nombreuse des *Zouaouas,* au pied du Jurjura; les seconds étaient un reste des janissaires amenés de Constantinople à Alger par les frères Barberousse. Après la prise d'Alger, fantassins et cavaliers de l'*Odjak* offrirent leurs services au général Bourmont, qui les accepta. Mais le soin de les utiliser échut, peu de temps après, au maréchal Clausel, envoyé par le gouvernement de Juillet en Afrique pour y remplacer le vainqueur d'Alger.

Le 27 août 1830, le général Bourmont remettait le commandement de l'armée à son successeur. Il était entré, deux mois auparavant, en triomphe à Alger, à la tête d'une armée de trente mille hommes;

et après une glorieuse campagne de vingt et un jours, il partait obscurément, presque en fugitif, n'ayant pour toute suite qu'un de ses fils, sur un bâtiment marchand qui se rendait à Gibraltar. Le vainqueur d'Alger n'emportait de la ville qu'il venait de conquérir qu'une cassette renfermant les restes du fils qu'il avait perdu au milieu de ses triomphes.

*
* *

Les corps des zouaves et des spahis semblaient devoir être spécialement réservés aux indigènes; mais les nécessités administratives leur imposèrent d'abord des Français comme comptables, — sergents-majors, fourriers et quelques caporaux; — puis, par cette porte entr'ouverte, des privilégiés y furent introduits par les officiers; enfin, le flot des ambitieux, des chercheurs d'aventures, des décavés de la fortune s'y précipita à son tour, et l'organisation en fut modifiée aussi bien que l'esprit.

La liste serait interminable des jeunes gens de grandes familles qui, après avoir jeté leur fortune patrimoniale dans le gouffre des plaisirs mondains, vinrent en demander une autre plus solide et plus brillante aux corps spéciaux de l'armée d'Afrique, notamment aux spahis.

La vie des zouaves les tentait moins; elle était

rude, pénible, fatigante et obscure relativement à celle des spahis. Dans ce régiment ils retrouvaient en partie ce qui les avait ruinés à Paris : le cheval, et le luxe des habits.

Les officiers de zouaves avaient vite renoncé à la tenue indigène, trop coûteuse pour peu qu'on voulût se distinguer de la troupe. Les spahis n'ont fait ce sacrifice à la raison et à l'économie que sur les décisions précises et répétées du ministère de la guerre; il leur en coûtait de laisser, pour le dolman de la cavalerie légère, leurs vestes et gilets arabes brodés d'or, leurs riches ceintures, leurs turbans de cachemire, leurs selles couvertes de velours rehaussé d'or et d'argent. Il n'était pas rare de voir de simples sous-lieutenants avec des tenues de six mille francs.

Quoique très-brillants, les spahis n'ont pas fourni beaucoup d'illustrations militaires. A leur tête se place incontestablement le général Yusuf, que d'autres ont pu imiter, mais que personne n'a égalé. Après lui, nous voyons bien les généraux d'Allonville et Fleury, puis rien que de la simple moyenne. Comme corps, les spahis n'ont même pas de nombreuses pages saillantes dans les annales de la guerre algérienne. Cela tient à leur manière de combattre, qui provient elle-même du caractère des soldats.

Braves individuellement, hardis cavaliers, habiles éclaireurs, ils combattent plus volontiers avec le fusil qu'avec le sabre, et les officiers qui voudraient les entraîner dans une charge à l'arme blanche risqueraient fort d'arriver seuls sur l'ennemi.

Un des plus glorieux combats des spahis est celui auquel donna lieu, le 25 octobre 1841, un fourrage exécuté chez les Hachem par ordre du gouverneur général. Malgré leur habileté en ces sortes d'opérations, les spahis n'avaient pu découvrir les silos et étaient rentrés au camp, lorsqu'une vive fusillade se fit entendre. C'étaient deux lieutenants, MM. Turot et Damote, qui, ayant poussé, avec cinquante hommes, plus loin que le gros du régiment, étaient assaillis par la tribu entière des Hachem. Aussitôt tout le monde est en selle et court ventre à terre, sans ordre, sans formation, le colonel Yusuf en tête, du côté des coups de fusil. Ce fut un véritable combat arabe où chacun prit son ennemi corps à corps, et duquel nos spahis revinrent triomphants. On racontait le soir, au bivouac, les brillantes passes d'armes de ce combat ; et, parmi les noms les plus hautement proclamés, on entendait celui du lieutenant Fleury, qui avait pris un drapeau et ajouté une action d'éclat à celles qui lui avaient valu son rapide avancement.

*
* *

En remontant de quelques années le cours de mes souvenirs, je trouve, à l'année 1836, trois types de

spahis, deux très-honorables et le troisième exécrable :
le colonel Marey-Monge et le sous-lieutenant Vergès
d'un côté ; le brigadier Moncel de l'autre.

Le colonel Marey-Monge commandait, en cette
année, les spahis de la province d'Alger. Il résidait
à Boufarik et joignait au commandement de son
régiment le titre et les fonctions d'agah de la plaine.
Toutes les tribus de la Metidja relevaient de son
autorité, et les cheiks des douars recevaient ses
ordres auxquels ils répondaient souvent par des
coups de fusil.

Boufarik était le marché de la plaine où se rendaient, tous les jeudis, non-seulement les Hadjoutes,
mais encore les tribus du Sahel et celles des contreforts du petit Atlas, au-dessus et autour de Blidah ;
c'est dire qu'il était très-fréquenté.

Chaque jeudi, on voyait le colonel Marey-Monge,
superbement drapé dans un burnous blanc qui le
couvrait de la tête aux pieds, ne laissant voir que sa
haute taille, ses traits réguliers et sa belle barbe
noire, faisant piaffer son cheval, s'acheminer du
camp vers le marché. Précédé et suivi de ses
chaous, il pénétrait sous la grande tente dressée à
son intention, s'asseyait sur ses riches tapis et ses
coussins moelleux, et, les jambes croisées, recevait
les hommages des cheiks. Alors aussi, il savourait
le café que le *knouatji* officiel lui offrait dans des

tasses entourées de filigranes d'or et d'argent, en fumant la longue pipe au bout d'ambre, au tuyau de cerisier et au foyer de terre cuite.

En même temps que la foule s'ouvrait devant le cortége pompeux de l'agah de la plaine, une escorte plus modeste, un personnage moins majestueux, mais non moins original, se rendait du camp au marché. Cette escorte était celle du caïd; et ce caïd, c'était M. le sous-lieutenant Vergès.

Je le vois encore, strictement vêtu comme le commun des Arabes, le capuchon de son burnous relevé sur sa tête, montrant à peine sa figure amaigrie, sa barbe rare, ses yeux intelligents, un gros chapelet à la main, s'acheminant d'un pas lent et monacal vers la tente où, pendant toute la journée, il allait rendre ses arrêts ou régler les différends de ses justiciables.

On connaît les éminents services rendus à la France par les généraux de division Marey-Monge et Vergès. En saluant avec respect le premier dans sa tombe, le second dans le repos glorieux auquel lui donne droit une vie militaire des mieux remplies, je me rappelle tous les contes bleus qui se faisaient alors au bivouac sur le colonel-agah et le sous-lieutenant-caïd. On racontait qu'à l'exemple du général Menou en Égypte, M. Vergès avait abjuré le christianisme pour se faire mahométan. M. Vergès était simplement alors ce qu'il a toujours été depuis, un esprit distingué, un cœur noble et généreux, se dévouant pour le bien de son pays, dans la mesure et dans les formes qu'il croyait les plus utiles, ou que les circonstances lui imposaient.

*
* *

Je voudrais bien ne rien dire d'un autre personnage annoncé en tête de ce chapitre; mais je ne fais pas un roman, j'écris l'histoire des temps passés; il n'y a pas, dans mon récit, un mot qui ne soit vrai, et je dois surmonter mes répugnances pour rester dans mon rôle de *raconteur*.

L'homme pose en ce moment devant moi. Je le vois, avec sa taille gigantesque et ses formes athlétiques, passer grave et silencieux, enveloppé dans son burnous rouge, ne laissant voir que son nez bourbonnien et ses yeux tantôt vagues et ternes, baissés sur la terre qu'ils ne voient pas, tantôt animés d'un feu étrange, lançant des éclairs de haine sauvage sur tel ou tel de ses chefs que le hasard mettait sur son passage. Il s'appelait Moncel, et d'étranges histoires couraient sur son origine. On lui attribuait un blason royal traversé de la barre de bâtardise. Les uns l'aimaient; les autres le détestaient; tous le redoutaient. Lui n'aimait que deux ou trois sous-officiers dont je pourrais citer les noms. Mais l'objet principal de sa haine était l'adjudant Goërt du Hervé, d'un caractère aussi intraitable, d'un orgueil égal à celui de Moncel, qui, lui, n'était que brigadier.

Un jour, Moncel disparut. Il avait déserté pour aller offrir ses services aux Arabes. Le caïd des Beni-Salah lui donna une de ses filles pour femme, et le brigadier criminel dirigea contre nous les coups de main dont nous avions le plus à souffrir. L'affaire capitale, organisée et conduite par Moncel, fut l'embuscade du ravin des Beni-Mered, où l'escadron du capitaine Lamorose fut détruit presque en entier.

Ce jour-là, sa haine dut éprouver une de ces satisfactions dont les reprouvés sont seuls capables. Il trouva parmi les morts le cadavre de l'adjudant Goërt du Hervé. Après l'avoir piétiné, lui avoir écrasé la figure à coups de talon de botte, il lui arracha sa veste d'uniforme, et, avec la pointe de son poignard, il traça sur sa poitrine cette inscription en caractères sanglants : Moncel, 2 novembre 1837.

Peu de temps après, le ciel, las de ses crimes, le livra à la justice des hommes. Ne se sentant plus en sûreté chez les Hadjoutes, dont les douars se soumettaient successivement à notre autorité, Moncel résolut de passer dans la province de Constantine et d'offrir ses services au bey Achmed, qui, dépossédé de sa capitale, tenait encore la campagne contre nous. Mais, bien que soigneusement gardé, son secret fut découvert et livré par sa femme, irritée, aux autorités françaises... Le jour, l'heure du départ et la route à suivre étant parfaitement connus, des gendarmes maures furent embusqués, et lorsque Moncel arriva monté sur une mule, avec les apparences d'un paisible Arabe revenant de vendre ses denrées à la ville, il fut arrêté, reconnu par les gendarmes dont quelques-uns avaient servi avec lui aux spahis, et ramené garrotté à Alger. Un conseil de guerre le condamna à mort, et il fut fusillé sur la place Bab-el-Oued. Dix balles françaises vengèrent les nombreux soldats et colons tombés sous le fer de l'infâme déserteur.

CHAPITRE XVII

Les chasseurs d'Afrique. — Leurs colonels. — Le trompette Escoffier. — Le capitaine Yusuf à la Casbah de Bône.

Depuis la conquête d'Alger, le gouvernement avait suivi un système de renfort dont les fautes commises récemment par les ministres républicains démontrent l'excellence. Un roulement, qu'on peut appeler tour d'Afrique, était établi dans l'armée : les régiments allaient y passer successivement cinq ou six ans, en plus ou moins grand nombre, mais en entier et avec leur constitution complète. Ils y acquéraient l'habitude de la guerre; et, l'avancement se faisant alors par corps au lieu d'avoir lieu sur toute l'arme comme aujourd'hui, ils profitaient des chances de mortalité que leur donnaient les combats, les places des officiers tués à l'ennemi revenant de droit au régiment.

Tous les régiments — infanterie et cavalerie — qui ont passé par l'Afrique de 1830 à 1870, y ont acquis une réputation plus ou moins grande, selon que le hasard leur a permis de prouver plus ou moins souvent leur vaillance, car tous eussent fait autant et aussi bien que les plus favorisés. Si les corps spéciaux ont plus de renommée, c'est qu'ils sont permanents et qu'ils ont, par cela même, plus d'occasions de bien faire.

Les chasseurs d'Afrique ont largement profité de cette bonne fortune; il faudrait des volumes pour raconter tous les beaux faits d'armes par lesquels ils se sont illustrés. Nous nous bornerons aux plus saillants, en rappelant les noms des généraux sortis de leurs rangs.

Les chasseurs d'Afrique portèrent le nom de chasseurs algériens, à leur formation, qui eut lieu peu de temps après la prise d'Alger. Il arriva pour eux, comme pour les zouaves et les spahis, que de tous les régiments affluèrent des demandes d'admission. Les brigadiers, les sous-officiers rendaient leurs galons pour y entrer; il n'y avait pas un escadron qui ne comptât deux ou trois maréchaux de logis chefs comme simples cavaliers.

Le premier régiment de chasseurs d'Afrique fut créé à Alger; peu de temps après, un autre s'organisa à Oran, portant le numéro 2, puis un troisième à Bône, et un quatrième enfin à Mostaganem.

A l'origine, on avait donné la lance à la moitié des escadrons, mais elle leur fut retirée après l'expérience faite de l'impossibilité de joindre les Arabes, que la vue seule de cette arme mettait en déroute, et de là nécessité de conformer notre manière de combattre à la leur. Le fusil fut substitué pour tous à la lance, et les chasseurs le portent depuis lors à la grenadière.

Nous connaissons déjà le colonel de Schombourg du 1ᵉʳ chasseurs d'Afrique, ainsi que son successeur le colonel Le Pays de Bourjoly; nous retrouverons ce dernier à la tête de ses chasseurs, comme général, et faisant avec eux des actions mémorables.

Ce régiment fut commandé plus tard par le colonel Korte, célèbre dans les fastes algériens, et par le colonel Tartas, chez lequel on trouvait quelque chose de ses deux compatriotes d'Artagnan et Cyrano de Bergerac.

*
* *

Ce brave et spirituel officier conservait la plus parfaite égalité dans les circonstances les plus difficiles, et savait égayer par quelques bons mots les situations les plus sombres. Ses saillies étaient promptes et de bon aloi. Il était très-beau cavalier, et l'école de Saumur conserve encore ses traditions comme capitaine instructeur. Il parlait volontiers de cette époque et répétait souvent que « jamais le soleil n'avait vu tomber Tartas ». Un jour que, pour tromper les ennuis d'un insipide bivouac, il racontait ses histoires mêlées de gasconnades devant un groupe de ses officiers, l'un de ceux-ci — qui avait été son élève à Saumur — lui dit : « Cependant, tel jour, dans telle circonstance, votre cheval vous a désarçonné. » Le colonel eut l'air de réfléchir un instant et de chercher dans ses souvenirs ; puis avec le plus grand sérieux : « C'est vrai, répondit-il, mais ce jour-là il n'y avait pas de soleil. »

Je laisse à penser l'éclat de rire homérique qui accueillit cette réponse ; le colonel riait plus fort que les autres.

Au 2ᵉ chasseurs nous trouvons le colonel Oudinot, tué en chargeant l'ennemi dans la forêt d'Ismaël pendant la funeste expédition de la Macta par le général Trézel. Ce régiment fut aussi commandé par le colonel Randon, devenu depuis maréchal de France, et par le colonel Cousin-Montauban, qui y avait fait toute sa carrière.

Au milieu du cadre brillant des officiers du 3ᵉ chasseurs d'Afrique, brille la noble figure du capitaine Morris, qui devint, après une longue série d'actions d'éclat, colonel du 2ᵉ régiment, et le commandait à la bataille d'Isly.

Combien d'autres illustrations ont fait leurs premières armes aux chasseurs d'Afrique ! mais c'est surtout dans les rangs de la troupe que nous voudrions prendre nos types militaires d'antan. Prenons-en un entre mille : celui du trompette Escoffier.

*
* *

Dans une charge contre les cavaliers rouges d'Abd-el-Kader, son capitaine a son cheval tué sous lui : Escoffier met pied à terre et lui offre le sien. Le capitaine hésite à l'accepter, le combat était violent et son issue douteuse. Escoffier insiste : « Prenez-le, je vous en prie, dit-il à son capitaine ; prenez-le. Ce n'est pas moi, c'est vous seul qui pouvez rallier l'escadron. » Le capitaine cède enfin : il saute sur le cheval d'Escoffier, et celui-ci, fait prisonnier, est amené devant l'émir, dans sa déira.

Il portait sa trompette en sautoir. Ayant reçu l'ordre de jouer une fanfare, il se mit à sonner la charge. Un des chefs s'étant informé de l'appel de cette sonnerie, Escoffier dit à l'interprète :

« — Réponds au capitaine que lorsqu'il entendra *musiquer* cet air, il n'aura rien de mieux à faire que de tourner bride et de s'enfuir au galop. »

Le chef, blessé de cette réponse, demanda qu'il fût administré cent coups de bâton à l'impertinent.

« — Non, dit Abd-el-Kader, il est de mon devoir de me montrer aussi généreux que les Français, qui ne maltraitent pas les prisonniers arabes. Bien plus, si ce trompette veut se faire musulman, je lui donnerai trois jolies femmes, des chevaux et le grade d'officier dans mes réguliers.

« — Je ne renierai jamais ni ma religion, ni mon pays, répondit le trompette ; tu peux me faire couper la tête, mais non pas me rendre parjure.

« — Sois tranquille, dit l'émir, j'aime à t'entendre parler ainsi. Ton refus est glorieux : ton apostasie serait une honte. »

Escoffier fut compris dans un échange de prisonniers qui eut lieu peu après, et reçut la croix d'honneur, juste récompense de sa bonne conduite.

Je n'oublierai pas non plus le général Legrand, tué d'un coup de sabre à la bataille de Saint-Privat, dans une charge qu'il conduisait cavalerie contre cavalerie. Le général Legrand, passé, après 1830, des hussards de la garde royale aux chasseurs d'Afrique, avait fait sa carrière dans cette arme, jusqu'au grade de lieutenant-colonel, et avait mérité d'être plusieurs fois cité à l'ordre de l'armée pour actions d'éclat.

*
* *

Avant de passer aux spahis, Ysuf avait été lieutenant et capitaine aux chasseurs ; racontons donc un des traits les plus remarquables de sa brillante carrière : sa prise de possession de la Casbah de Bône.

Au mois de mars 1832, Bône n'était occupé que par un détachement de zouaves, qui y vivait en bonne intelligence avec les habitants. L'un d'eux, ancien bey de Constantine, nommé Ibrahim, s'était cependant ligué en secret avec quelques Maures pour expulser les Français. Désespérant d'y parvenir par la force, il recourut à la trahison.

Les zouaves étaient casernés à la Casbah, et les officiers descendaient prendre leurs repas en ville. Ibrahim gagna les soldats — tous indigènes — et, pendant l'absence des officiers, il s'empara de la citadelle.

A la nouvelle de ces événements, le bey de Constantine envoya contre Ibrahim un corps d'armée, qui pénétra dans la ville, d'où il serrait de près les habitants de la Casbah. La population de Bône, volée et pillée, tantôt par les soldats du bey, tantôt par ceux d'Ibrahim, demanda des secours au gouverneur général, qui, au milieu du désarroi où se trouvait alors notre conquête, lui envoya un faible détachement, plutôt pour l'encourager à la résistance que pour la délivrer de ses ennemis.

Ce détachement était commandé par le capitaine d'artillerie d'Armandy et par le capitaine de chasseurs algériens Yusuf. Arrivés trop tard pour empêcher la ville d'être prise et pillée par les troupes de Constantine, étant trop faibles pour rien tenter contre la Casbah, Yusuf et d'Armandy s'embusquèrent, attendant les événements, qui ne devaient pas tarder à leur être favorables.

En effet, Ibrahim, se voyant dans l'impossibilité de se maintenir à la Casbah, l'évacua furtivement le 26 au soir. Yusuf et d'Armandy, prévenus aussitôt par leurs espions, en escaladèrent immédiatement les murailles, au sommet desquelles, le 27 au matin, flottait le drapeau français. A cette vue, les indigènes revinrent à l'espérance, tandis que Ben-Aïssa, le lieutenant du bey, pris d'un accès de fureur, se ruait contre la citadelle aux pieds de laquelle il laissait ses meilleurs soldats.

Ben-Aïssa eut alors recours à la corruption : il parvint à gagner quelques zouaves de la garnison, qui formèrent le complot de tuer leurs deux officiers. D'Armandy et Yusuf furent prévenus de cette conjuration; mais, serrés de près par Ben-Aïssa, ils étaient à la merci des traîtres qui méditaient leur mort. Le sang-froid et le courage de Yusuf les sauva.

Ayant fait rassembler les principaux meneurs, il fait abaisser le pont-levis et annonce une sortie contre les troupes de Ben-Aïssa. Il les conduit ainsi jusqu'au delà du glacis et fait faire halte. Se tournant alors vers eux : « Vous avez résolu, leur dit-il,

« de tuer vos officiers et de livrer la Casbah à l'en-
« nemi? vous êtes des traîtres et des lâches! »

A cette foudroyante apostrophe, les conjurés restent stupéfaits. Yusuf reprend, en s'adressant aux deux principaux conjurés : « Quoi, Jacoub! quoi,
« Mouna! vous restez impassibles! Voici le moment
« propice de mettre une partie de vos projets à exécu-
« tion : frappez, je vous attends. Vous ne donnez pas
« le signal de l'attaque, alors moi je commencerai. »

Et, de deux coups de pistolet, il leur cassa la tête.
— « Maintenant, s'écria-t-il en se tournant vers les
« autres, à l'ennemi! »

Et, les entraînant à sa suite, il rentra quelques heures après à la Casbah, après avoir fait essuyer à Ben-Aïssa de cruelles pertes.

CHAPITRE XVIII

1839 et 1840. — Massacre des colons. — Le maréchal Valée, chansonné. — Prise du col des Mousaïah. — Le duc d'Orléans. — Le duc d'Aumale. — Les lieutenants de Guyon, Goyon de Beaucorps, Destrée et Massot.

Abd-el-Kader, dont les projets étaient mûrs, le troupes régulières organisées, les postes fortifiés, les magasins approvisionnés, trouva dans l'expédition des Bibans le prétexte attendu et cherché de recommencer les hostilités suspendues par le traité de la Tafna.

La province d'Alger fut le premier théâtre de cette nouvelle levée de boucliers. Nos détachements, disséminés sur plusieurs points peu favorables à la défense, étaient attaqués à l'improviste, les colons de la plaine assaillis et massacrés, des tribus amies exterminées, leurs maisons incendiées, des convois enlevés et leur escorte égorgée.

La première victime de cette invasion, que rien ne pouvait faire prévoir la veille, fut le commandant Rafel; puis vint la destruction d'une partie d'un bataillon du 24e, établi au camp d'Oued-Lalegh et mal engagé par son chef; en même temps, deux petits convois de vivres étaient surpris en pleine sécurité et massacrés, à l'exception d'un seul homme auquel les Arabes négligèrent de couper la tête.

Le maréchal Valée, alors à la tête de forces suffisantes, divisa ses troupes en diverses colonnes, et les lança contre l'ennemi dans toutes les directions. Partout nous reprîmes victorieusement l'offensive. Notre vie était rude, chaque journée se comptait par un combat; mais nous ne perdions rien de notre gaieté, et la verve satirique de nos poëtes s'exerçait en des chansons contre le pauvre maréchal, dont les embarras et les efforts pour les surmonter auraient dû cependant désarmer notre malignité. Parmi ces chansons, qu'on ne se gênait pas pour chanter aux oreilles de l'état-major, il y en avait une, attribuée à un sous-intendant, dont deux couplets sont restés dans ma mémoire. L'auteur faisait parler le maréchal :

> Rulhière, tout en déroute,
> Me dit un jour au rapport :
> — Le pauvre Rafel est mort
> Sous le yatagan hadjoute,
> Les colons sont massacrés.
> — Diable! fis-je, et les traités?

Le général Rhulière commandait alors la division d'Alger.

Arrivé au massacre d'un détachement du 23ᵉ de ligne, commandé par un sous-lieutenant nommé Colomer, le chansonnier faisait dire à notre grand chef :

> Un fourgon, pas davantage,
> Composait tout le convoi.
> Pour le mettre en carré, moi,
> Je me serais mis en nage ;
> Mais mon gendre, plus profond,
> Dit qu'il l'aurait mis en rond.

Ce gendre du maréchal était le colonel d'état-major de Salles, chef d'état-major général, brave et excellent officier, dont la fin tragique peut être encore dans le souvenir de bien des contemporains. (Il fut assassiné, étant général, par un domestique de son château.)

*
* *

A ces nouvelles, la France s'émut ; le gouvernement nous envoya des troupes de renfort, entre lesquelles il faut citer le bataillon de chasseurs d'Orléans, souche glorieuse de nos braves bataillons de chasseurs à pied. Le duc d'Orléans revint aussi, comme toujours, attiré par le danger et la gloire.

Le fait culminant de la campagne de 1840 fut la prise du col des Mousaïah, le 12 mai, précédée du combat de l'Afroun, où nous vîmes, pour la première fois, paraître le duc d'Aumale, qui devait tracer un sillon si lumineux sur cette terre d'Afrique, déjà illustrée par deux de ses frères. Le jeune prince, chef de bataillon au 4ᵉ léger, servait auprès du duc d'Orléans, en qualité d'officier d'ordonnance.

Le bivouac venait d'être établi à l'entrée du bois des Karésas. Il était à peine dix heures du matin, et nous ne devions partir que le lendemain. Le site était charmant : une forêt, un large ruisseau, de l'herbe jusqu'au ventre des chevaux. Vive la joie! Les feux sont allumés, les marmites commencent à bouillir, on se lave, on s'astique, on se nettoie. Tout à coup, en face de notre camp, à deux kilomètres de nos grand'gardes, apparaît l'armée d'Abd-el-Kader : l'infanterie garnit les hauteurs de l'Afroun et y dresse ses tentes; la cavalerie se range dans la plaine en une longue ligne de bataille, enseignes déployées; c'était réellement un beau coup d'œil.

Adieu le bivouac délicieux, le repos sur l'épais gazon, la soupe savoureuse, le café fumant! Le pot au lait de Perrette ne fut pas plus prestement renversé que nos marmites : dix minutes après le signal, le corps expéditionnaire en bataille marchait droit à l'ennemi. J'ai toujours là, sous les yeux, ce magnifique tableau. Le colonel Changarnier avait fait déployer le drapeau du 2ᵉ léger pour cette fête; notre général, le duc d'Orléans, marchait entre nos deux bataillons, suivi de son état-major et entouré par un peloton d'officiers étrangers, le sabre à la main, qui lui avaient demandé l'honneur de lui servir d'escorte.

Le maréchal Valée voulait canonner l'ennemi, qui nous laissait approcher sans broncher d'une ligne; le prince le pria de n'en rien faire, convaincu que c'était bien une bataille que nous offrait Abd-el-Kader. Il se trompait. La distance diminuait sensiblement, car nous marchions l'arme sur l'épaule droite et d'un pas délibéré; cinq cents mètres nous séparaient à peine de la ligne arabe, lorsque nous la voyons se rompre et fuir à gauche vers l'Oued-Ger. Nous n'avons plus devant nous que l'infanterie, sur les hauteurs, à un bon kilomètre plus loin.

Aussitôt aides de camp et officiers d'ordonnance volent dans toutes les directions. Mais il faut tâcher d'arrêter l'ennemi au passage de l'Oued-Ger, et, pour cela, lancer sur lui la cavalerie du colonel de Miltgen. Vite un aide de camp pour aller en porter l'ordre..... Il n'en reste plus un seul; tous sont en course; le général ne voit auprès de lui que son frère, et, sans hésiter, il l'envoie. Le duc d'Aumale part ventre à terre, et, quelques instants après, un tourbillon de poussière à notre droite nous apprend que les chasseurs de France chargent l'ennemi.

Pendant ce temps-là, nous continuons notre

marche sur l'Afroun, où l'infanterie arabe nous attend. Cette infanterie est aussitôt abordée et bousculée, son camp est enlevé.

La nuit est close; nous allons coucher sur les positions conquises et qu'on ne connaît pas. On ne fera pas de soupe, car on ne sait où est l'eau, où est le bois, et l'on n'a rien mangé depuis cinq heures du matin. N'importe : on grignotera un biscuit dont la joie sera l'assaisonnement. Cette joie était grande et universelle; cependant le duc d'Orléans était inquiet, soucieux; son frère n'avait pas reparu; il ne revint même qu'assez avant dans la nuit. C'est qu'au lieu de retourner près de son général, une fois l'ordre donné, il s'était placé à côté du colonel Miltgen, en tête de la charge. Le colonel avait été tué, mais le jeune prince avait gagné ses éperons.

*
* *

Le 12 mai, à trois heures du matin, l'armée, campée au pied des montagnes qu'elle devait escalader, forma ses colonnes d'attaque. Au moment de nous ébranler, le duc d'Orléans vint à la tête du 2ᵉ léger et donna la croix de la Légion d'honneur à un de nos plus braves lieutenants, M. de Guyon.

M. de Guyon était le type le plus accompli du gentilhomme et du soldat. Tout jeune encore, il avait mérité la croix par plusieurs actions d'éclat. Le régiment vit un heureux présage dans cette haute récompense accordée dans un moment si solennel à un de ses meilleurs officiers; peut-être le nouveau chevalier en eut-il un pressentiment de sa mort prochaine.

Les colonnes qui, depuis le point de départ, marchaient à la suite les unes des autres, s'arrêtèrent pour se masser sur un plateau à mi-côte du col des Mousaïah, et y manger la ration de viande que les hommes portaient avec eux. Ce plateau a gardé depuis lors le nom de plateau du Déjeuner.

Nous étions à bonne portée de fusil de l'ennemi, dont les retranchements allaient du col au grand piton, et derrière lesquels nous distinguions tous ses mouvements. Le duc d'Orléans monta jusqu'au 2ᵉ léger au moment même où les tambours des réguliers battaient aux sergents-majors. Comme il se trouvait près d'un groupe de sous-officiers de ce grade : « Eh bien ! messieurs, nous dit-il gaiement, « vous n'entendez pas qu'on bat là-haut aux ser- « gents-majors ? » Et nous tous de nous écrier, en nous tournant vers le piton et en agitant nos képis : « On y va! on y va! »

Nous y allâmes, en effet, un instant après, notre colonel Changarnier en tête, tandis que les zouaves et le bataillon de chasseurs montaient à notre droite sous les ordres du colonel Lamoricière, et que notre artillerie battait le col proprement dit où Abd-el-Kader avait établi ses canons. Derrière l'artillerie, se trouvait la troisième colonne commandée par le duc d'Orléans et où se tenait le maréchal. Cette colonne soutenait, dès le matin, un terrible combat d'arrière-garde, pendant lequel le général Schramm fut blessé.

*
* *

Le succès de la journée dépendait de la possession du grand piton de gauche, attaqué par la colonne Duvivier — 2ᵉ léger, 24ᵉ et 48ᵉ de ligne — le piton enlevé, les positions d'Abd-el-Kader tombaient nécessairement; aussi tous les yeux et tous les cœurs étaient-ils tournés vers la gauche de la ligne de bataille, d'où s'élevait le roulement continuel de la fusillade arabe, car nous ne pouvions pas nous servir de nos armes, ayant assez de peine à gravir le piton, en nous accrochant aux saillies des rochers et aux rares plantes qui poussent dans leurs anfractuosités. Nous semions notre marche de morts et de blessés que relevaient les régiments venant après nous. Nos pertes, déjà sensibles, l'eussent été davantage, exposés comme nous l'étions au feu de front des réguliers et au feu de flanc des Kabyles, si la fumée de la fusillade n'avait fini par former un épais nuage nous dérobant à l'ennemi et rendant son tir incertain.

Enfin nous sommes aux retranchements; la lutte corps à corps commence, et nous pouvons jouer de la baïonnette. Les officiers, moins embarrassés que leurs soldats, sautent les premiers par-dessus le mur en pierre. M. de Guyon — le nouveau chevalier — est en tête et tombe roide mort; M. Goyon de Beaucorps et mon lieutenant, M. Destrée, le suivent et sont mortellement blessés; tout près d'eux, un autre lieutenant, M. Massot, tombe au milieu d'un groupe de réguliers; il brise son sabre; les Arabes le chargent. Il va succomber, lorsque, s'armant d'une branche d'arbre jetée sur le feu de bivouac des réguliers, il en assomme deux et donne ainsi le temps à ses soldats d'arriver à son secours.

Nous enterrâmes le brave et charmant de Guyon sur le piton, en ayant soin de faire sur sa fosse un grand feu qui devait en cacher l'emplacement. Précaution inutile : lorsque, dix jours après, nous revînmes sur le piton, la fosse était vide; un autre feu avait été allumé, les restes de notre officier avaient été brûlés par les Arabes. Parmi ses ossements calcinés nous retrouvâmes ses bottines, très-reconnaissables, M. de Guyon ayant un pied de femme ou d'enfant.

A midi, les fanfares des clairons éclatant sur le piton, et le drapeau du 2ᵉ léger perçant de ses couleurs le nuage de fumée de poudre qui nous enveloppait, apprenaient à l'armée anxieuse que la clef du col des Mousaïah nous appartenait. Aussitôt notre artillerie fait une décharge générale de ses pièces; les tambours battent la charge; les bataillons, baïonnette au canon, les officiers, les généraux eux-mêmes, l'épée à la main, s'élancent contre les positions qu'ils ont devant eux; les Arabes opposent partout la plus vive résistance, mais rien n'arrête notre élan; la dernière redoute arabe est emportée, l'adjudant du bataillon de chasseurs d'Orléans, M. Pistouley, y entre le premier; nous sommes vainqueurs.

Un incident touchant et chevaleresque avait marqué la marche de la colonne principale, celle de droite. Le 23ᵉ de ligne tenait la tête de cette colonne, et son colonel, le brave Gueswiller, s'avançait à pied — comme tous les colonels — précédant ses grenadiers. Mais la montée était roide, la marche longue, la chaleur très-forte, le colonel n'en pouvait plus, ses sapeurs devaient le soutenir.

Le duc d'Aumale s'en aperçoit; il met pied à terre et offre son cheval au colonel. Celui-ci refuse, mais il est obligé de céder devant les instances du prince, qui, leste et allègre, continue la charge comme un sous-lieutenant de voltigeurs.

*
* *

Si vous avez vu à Versailles le tableau de la prise du col par Horace Vernet, vous vous êtes longtemps arrêté au groupe principal. Le duc d'Orléans à cheval, le duc d'Aumale à pied, sa capote entr'ouverte, sa cravate dénouée, s'appuyant sur le cou du cheval de son frère, tous deux écoutant les récits des généraux et des officiers de tous grades descendus des crêtes de l'Atlas et rendant compte à leur chef des opérations qui leur avaient été confiées. Vous avez été ému devant ce tableau : combien plus vous l'eussiez été, si vous aviez été témoin de cette scène grandiose et attendrissante, reproduite par notre grand peintre de batailles !

J'ai vu le tableau ; mais c'est toujours la scène que j'ai devant les yeux. Du reste, la générosité était dans la nature du jeune duc d'Aumale ; il a fait, plus tard, pour de simples soldats, ce qu'il avait fait au col pour le colonel Gueswiller.

CHAPITRE XIX

Au bois des Oliviers. — Un Français contre deux réguliers. — Le général Bugeaud. — La gendarmerie au combat du Cheliff.

Le 17 mai 1840, l'armée entrait à Médéah, qu'elle trouva abandonné. Elle en repartit après s'y être reposée trois jours, en y laissant le général Duvivier avec le 23ᵉ de ligne. Un seul événement marqua ce court repos après tant de fatigues : ce fut une panique survenue dans les régiments de cavalerie de France, et imputable aux mauvaises dispositions de bivouac prises par l'état-major. Celui-ci avait établi la cavalerie contre le mur d'enceinte de la ville et sans la faire couvrir par de l'infanterie. Il en résulta que les Arabes vinrent pendant la nuit tirailler contre cette cavalerie et y mettre le désordre. Un bataillon envoyé sur le point d'où partait la fusillade mit un terme à cette algarade. J'ai vu, depuis, d'autres paniques et pu constater que si elles naissent ordinairement dans les jeunes troupes, les vieilles n'échappent pas toujours à la contagion.

Le retour sur Médéah donna lieu à un combat très-sérieux, connu sous le nom de combat du bois des Oliviers, bois qui se trouve au pied des contre-forts sud du col des Mousaïah. Abd-el-Kader commandait en personne ses réguliers, qui déployèrent une bravoure remarquable. Nous vîmes ce jour-là des cavaliers rouges, des officiers sans doute, mettre pied à terre, dépasser les fantassins et venir planter leurs drapeaux à dix pas de notre ligne. On se battit corps à corps; un de nos soldats, saisi par deux réguliers, roula avec eux dans une profonde crevasse, d'où il ressortit seul, cinq minutes après, laissant au fond les cadavres de ses adversaires.

Le 17e léger eut les honneurs de cette journée. Son colonel, Bedeau, y fut blessé, ainsi que plusieurs autres officiers et un grand nombre de soldats. Nos pertes eussent encore été plus nombreuses, et l'issue du combat eût fini par être douteuse, si le duc d'Orléans, triomphant enfin de l'obstination du maréchal, n'y avait mis un terme par une charge vigoureuse de sa division tenue jusque-là en réserve et frémissante d'impatience.

Le maréchal Valée, plus fait pour la grande guerre — celle des siéges surtout — que pour celle que nous avions à faire en Afrique, s'en tenait toujours à son arme, l'artillerie. C'était une faute, comme devait le démontrer son successeur, le général Bugeaud. Le duc d'Orléans dut s'y prendre à plusieurs fois pour obtenir ce que le bon sens indiquait ; à son commandement, zouaves, chasseurs à pied et 2ᵉ léger se précipitèrent à la baïonnette sur les réguliers terrifiés par cette attaque. Abd-el-Kader tint bon quelque temps, et ce ne fut qu'en nous voyant à moins de cent mètres de lui, qu'il se décida à tourner bride et à suivre ses réguliers en pleine déroute.

*
* *

Le 28 février 1841, le général Bugeaud débarquait à Alger pour y remplacer le maréchal Valée en qualité de gouverneur général. Un nouveau système de guerre allait être inauguré : à l'envahissement du territoire par zones et au refoulement des Arabes succéda la concentration de nos forces dans la province d'Alger et, de ce point, le rayonnement graduel avec la plus vigoureuse offensive.

Les résultats de ce plan sont connus ; nous n'en écrivons pas l'histoire, l'ayant racontée ailleurs, mais nous dirons quelques mots du nouveau gouverneur général, ce livre ayant pour but moins les faits que les hommes.

Le général Bugeaud était, en 1804, simple grenadier dans les vélites de la garde. Parvenu rapidement au grade d'officier, il fit les grandes campagnes d'Austerlitz et d'Iéna, et passa, en 1809, en Espagne. Après s'être distingué à l'assaut de Lérida, dans l'expédition de la Rapita contre les Anglais, aux siéges de Tortose, Valence et Tarragone, il obtint successivement les grades de capitaine, de chef de bataillon et de colonel.

En 1815, lorsque les alliés avaient déjà occupé Paris, à la tête du seul 14ᵉ de ligne qu'il commandait, il chargea une colonne de dix mille Autrichiens et six pièces de canon qui pénétraient par la Savoie dans la vallée de Graisivaudan. Après sept heures de combat, il leur fit quatre cents prisonniers, leur tua deux mille hommes et préserva Grenoble de l'invasion.

Pendant les quinze ans de la Restauration, il vécut obscur et oublié. A la révolution de Juillet, il fut appelé au commandement du 56ᵉ de ligne. En avril 1831, il fut promu maréchal de camp. En 1836, il fut envoyé en Algérie pour dégager le général d'Arlange bloqué à l'embouchure de la Tafna par Abd-el-Kader.

Le nouveau gouverneur était loin de réunir en sa faveur toutes les sympathies. Sa vigueur dans la répression des émeutes qui suivirent la révolution de Juillet lui avait valu la haine des républicains; sa nomination de gouverneur de Blaye pendant la captivité de la duchesse de Berry, celle des légitimistes. Mais les partis furent bientôt désarmés par les hauts faits d'armes du général, et la haine fit place à l'admiration doublée de la plus entière confiance.

Les premières victoires du général Bugeaud mirent en relief les qualités militaires des généraux dont nous avons déjà parlé : Changarnier, Lamoricière, Korte, Bourjoly, Yusuf, Morris, etc., etc., et particulièrement celles des ducs de Nemours et d'Aumale, servant sous ses ordres, le premier comme général de division, le second comme lieutenant-colonel. Le combat du 5 mai 1841 sur le Cheliff, qui donna aux deux princes l'occasion de se distinguer, fournit aussi à la gendarmerie celle de se signaler par une action d'éclat dont on devrait conserver avec soin le souvenir.

Nous remontions le Cheliff à la recherche de la cavalerie régulière d'Abd-el-Kader qu'on savait réfugiée chez les Beni-Zoug-Zoug.

Notre avant-garde était formée par un escadron de quatre-vingts gendarmes, troupe vraiment d'élite que le général Bugeaud et le général duc d'Aumale après lui avaient coutume d'amener avec eux comme troupe d'escorte et de réserve suprême.

Le capitaine Brocqueville commandait ce jour-là l'escadron auquel avaient été joints les gendarmes maures sous les ordres du capitaine d'Allonville.

Cette avant-garde se heurte tout à coup à deux

cents cavaliers rouges et quatre cents hommes des goums ennemis. Les gendarmes maures commencent à tirailler avec eux ; mais M. Brocqueville, après avoir fait prévenir le général de ce qui se passait, serre son escadron, fait placer le fusil à la grenadière et mettre le sabre à la main. Ses trompettes sonnent la charge, et cette poignée de braves se jette sur un ennemi dix fois plus nombreux. Les goums cèdent devant l'impétuosité de l'attaque ; mais les cavaliers rouges la reçoivent par une fusillade à portée de pistolet, et, mettant eux-mêmes le yatagan à la main, engagent une lutte terrible, dans laquelle leur nombre et leur bravoure individuelle semblent devoir triompher de notre escadron.

L'histoire de nos guerres d'Afrique n'offre rien de plus beau que ce combat de cavalerie. Ce fut une suite de luttes individuelles et d'actions héroïques. Les gendarmes se battaient un contre quatre ; et s'ils renversaient grand nombre de leurs adversaires, ceux-ci, de leur côté, leur causaient des pertes sensibles.

Le brave Brocqueville, la poitrine traversée par un coup de feu, tombe à bas de son cheval ; les réguliers veulent l'enlever ; ses gendarmes s'élancent pour le défendre, et vingt duels se livrent autour de ce corps inanimé, qui reste enfin à nos soldats. Ici un maréchal des logis, percé de deux coups de feu, blessé de plusieurs coups de yatagan, refuse de se retirer du combat et pousse son cheval au plus gros de l'ennemi, suppléant ainsi par le choc à l'impuissance de son bras. Là, un gendarme tombe blessé sous son cheval tué. Un de ses camarades court à lui, le dégage, lui fait prendre la queue de son cheval, l'entraîne hors de la mêlée et, ce pieux devoir rempli, revient au galop où le danger est le plus grand.

Ce noble escadron aurait fini par succomber jusqu'au dernier homme, si le 1er chasseurs n'était arrivé à son secours. Cette campagne de 1841 est l'une des plus rudes que l'armée d'Afrique ait eu à faire depuis la prise d'Alger. Au premier jour de son inauguration et pendant six ans à partir de ce jour, on ne connut plus les petits repos d'une semaine ou deux que nous prenions autrefois. On marchait et combattait sans cesse, à ce point que le 2e bataillon de zouaves, dans toute l'année 1845, ne passa à Tlemcen que quatorze jours par fractions, dont la plus forte fut de quatre jours. On ne touchait barre que lorsque les effets des hommes et des officiers étaient à ce point en lambeaux qu'on n'y pouvait plus y faire tenir les morceaux de tente, de haïck ou de toute autre étoffe arabe à l'aide desquels on tentait de les rapiécer, et qui nous faisaient ressembler à un bataillon d'arlequins. Tels et tels parmi nous n'ont pas couché un mois sur vingt-quatre dans un lit, et nous en passions plusieurs sans boire un verre de vin.

Et, avec cela, jamais le moindre découragement ; la gaieté toujours et partout, malgré les fatigues, les misères, les privations, comme on pourra s'en convaincre dans la suite de nos récits. Dans cette vie de combats de tous les jours et de toutes les heures, qui donc était assuré du lendemain? Faire son devoir toujours, se distinguer si un heureux hasard nous en donnait l'occasion, telles étaient nos uniques préoccupations. Une voix intérieure semblait nous répéter sans cesse le mot des épicuriens : *Carpe diem!*

CHAPITRE XX

Le drapeau des zouaves. — Nos succès en 1841. — Changarnier à l'Oued-Feddah. — Le système du général Bugeaud. — Constance de l'armée dans les fatigues et les souffrances.

Les combats des 2, 3 et 5 mai devant Milianah et sur le Cheliff avaient brillamment inauguré le gouvernement du général Bugeaud et donné un nouveau lustre à nos armes. Ce fut dans le second de ces trois combats que le drapeau des zouaves flotta pour la première fois sur nos têtes et s'imprégna de la fumée de la poudre.

Jusqu'au mois d'avril 1841 nous n'avions pas eu de drapeau; il faisait donc sa première campagne. Ce jour-là, les deux bataillons étant déployés, le colonel Cavaignac ordonna qu'il fût tiré de son fourreau, en présence des réguliers d'Abd-el-Kader, que nous maintenions. Un hourra énergique et prolongé salua l'emblème de la patrie. Alors, le sous-lieutenant qui avait l'honneur de le porter s'avança crânement d'une vingtaine de pas et resta immobile face à l'ennemi assez de temps pour essuyer une grêle de balles dont aucune ne l'atteignit.

Ce sous-lieutenant porte-drapeau était notre excellent et brave camarade M. Rozier de Linage, que le colonel Cavaignac, devenu général, attacha à sa personne en qualité d'officier d'ordonnance, et qui répondait par un dévouement absolu à l'affection dont l'honorait son chef.

La bravoure de notre camarade était connue et appréciée aux zouaves; son action chevaleresque, ou sa bravade du 2 mai — si votre sévérité la qualifie ainsi — le mit en relief dans l'armée et lui gagna toutes les sympathies.

Ces trois défaites successives subies par Abd-el-Kader furent suivies de revers plus cuisants pour lui. Le général Baraguey d'Hilliers dans le bas Cheliff, le général de Bar dans la province d'Alger, le général Négrier dans celle de Constantine, le général Lamoricière dans celle d'Oran, battaient ses lieutenants, dégageaient nos alliés et châtiaient les tribus qui avaient suivi l'émir.

En même temps, le gouverneur général ravitaillait Médéah et Milianah, prenait Mascara et Msilah, détruisait tous les postes fortifiés de l'ennemi, Boghar, Thaza, Saïda et Tekdempt, nid d'aigle, objet de la prédilection de l'émir, qui y avait concentré ses principales ressources en armes et munitions, à l'abri de fortifications qu'il croyait inexpugnables.

Partout nos généraux appliquaient à leurs opéra-

tions les principes de leur chef. « Ce sont, disait le
« général Bugeaud, en résumant son système, ce
« sont les jambes de nos soldats et de nos chevaux
« qui doivent dominer, et non pas la multiplicité des
« points occupés. Il y a entre le système des occupa-
« tions multipliées et le système de mobilité la diffé-
« rence qui existe entre la portée du fusil et la portée
« des jambes. Le fusil ne commande qu'à deux ou
« trois cents mètres, les jambes commandent dans
« un rayon de quarante à cinquante lieues. »

*
* *

Au mois de mai 1842, le régiment de zouaves
fut organisé à trois bataillons ayant M. Cavaignac
pour colonel et M. de Chasseloup-Laubat pour lieutenant-colonel. C'est alors que, du 2° léger, je passai
aux zouaves comme sous-lieutenant. Le premier
bataillon fut envoyé à Blidah, le second à Tlemcen,
et le troisième à Bône, où il ne resta qu'un an, le gouverneur l'ayant rappelé dans la province d'Alger,
lorsqu'il eut résolu de poursuivre Abd-el-Kader dans
l'Ouaransenis et de fonder Orléansville et Tenez.

Parmi les événements militaires de l'année 1842,
je vais en citer un qui donnera une idée de la ténacité de l'ancien colonel du 2° léger, le général Changarnier.

Il venait de soumettre les tribus composant les agalicks des Beni-Zoug-Zoug, des Djendel, des Ouled-Aïad, et d'enlever la smalah du kalifa Ben-Allal, auquel il avait fait trois mille prisonniers et pris plus de trente mille têtes de bétail, lorsque, trompé par des chefs arabes, il crut devoir remonter l'Oued-Feddah, pour porter secours à nos alliés qu'on lui disait être attaqués par l'ennemi.

Sa colonne, composée de douze cents hommes seulement (1ᵉʳ bataillon de zouaves et 3ᵉ bataillon de chasseurs à pied), se trouva arrêtée par quatre mille Kabyles embusqués dans un terrain des plus difficiles. Pendant deux jours, les Français, resserrés dans une gorge étroite, se battirent ou à l'arme blanche ou à portée de pistolet contre un ennemi quatre fois plus nombreux, et qui avait en outre l'avantage des positions. Après d'héroïques efforts, le général parvint à gagner la plaine où les Kabyles n'osèrent pas le poursuivre, par crainte de sa cavalerie, et il y établit son camp.

Tout autre que Changarnier se serait estimé très-heureux d'être sorti avec honneur du guet-apens et de n'avoir laissé ni un mort ni un blessé aux Arabes; mais cette satisfaction ne pouvait pas suffire à l'intrépide général. Deux heures après la nuit close, il fait prendre les armes à son infanterie, et, laissant ses blessés et son matériel sous la garde de son escadron de chasseurs, il reprend en silence le chemin du défilé.

Tout était joie et liesse dans les villages, dans les gourbis; on y fêtait la belle journée de poudre, lorsque ces Français, que les Kabyles croyaient découragés, sinon anéantis, tombent sur eux comme un ouragan, mettent tout à feu et à sang, leur font une centaine de prisonniers et leur enlèvent leurs troupeaux.

Le coup d'audace remplit les Arabes de terreur, et, depuis lors, ils ne prononçaient qu'en tremblant le nom de *Changarlo*.

Nous ne tenions aucun compte des saisons; rien ne nous arrêtait, ni la neige ni le siroco; on marchait sans cesse, on combattait toujours. C'est ainsi qu'en plein hiver de 1842, Abd-el-Kader, traqué sur tous les points, s'étant de nouveau jeté dans l'Ouaransenis, le général en chef, ne voulant pas lui laisser un instant de répit, le fit immédiatement attaquer par trois colonnes aux ordres des généraux duc d'Aumale, Gentil et Lamoricière, dont il dirigeait lui-même les opérations. Celles-ci furent conduites avec tant de vigueur qu'en vingt-deux jours toutes les tribus de la chaîne des montagnes et de la rive gauche du Cheliff furent soumises.

Mais aussi, quels soldats et quels généraux ! Les plus jeunes des premiers avaient de vingt-deux à vingt-sept ans d'âge et de deux à cinq ans de campagne ; les seconds savaient pouvoir compter sur leurs troupes, comme leurs troupes comptaient sur eux. Demandez donc de pareils efforts surhumains à notre armée d'adolescents. Il ne suffit pas d'être brave, il faut encore que le corps soit formé, et assez fort pour répondre aux élans de l'âme. L'armée d'alors était dans ces conditions, celle d'aujourd'hui n'y est pas ; elle ne peut pas y être avec la loi actuelle de recrutement. La campagne dernière dans le sud oranais en est la preuve.

Dans cette campagne, une colonne française a laissé défiler tranquillement devant elle Bou-Amena traînant à sa suite un convoi de quatre kilomètres de longueur, sans oser l'attaquer. Nous avons vu nos généraux de 1830 à 1860 charger avec deux ou trois cents cavaliers au plus des milliers d'Arabes, faire d'innombrables prisonniers, enlever des troupeaux qui couvraient des hectares de terrain. Tartas, Tempoure, Korte, Changarnier, Lamoricière ont accompli ces traits d'audace, et le duc d'Aumale les a surpassés par la prise de la Smalah. Je raconterai ces faits, non pour eux-mêmes, ils sont connus, mais en l'honneur des généraux qui les ont commandés et des soldats qui les ont exécutés.

*
* *

Pour bien comprendre ce qui paraît fabuleux aujourd'hui, il faut se reporter au système de guerre du maréchal Bugeaud, système dont on a déjà vu un aperçu, et que l'illustre guerrier résumait en ces termes :

« Quand j'ai en face de moi, disait-il, une force
« sans unité, sans science et sans volonté combi-
« nées, je ne compte pas le nombre de mes adver-
« saires. Plus la masse est nombreuse, et plus ma
« victoire est certaine. Que cette ma se apparaisse à
« portée de ma lunette, qu'elle couvre la plaine
« comme des grains de sable, ou qu'elle hérisse
« d'une forêt de fer les hauteurs les plus abruptes,
« je ne lui laisse pas le temps de pousser son cri de
« guerre. Si c'est en plaine, mes boulets et mes
« obus y feront de larges trouées, dans lesquelles je
« plonge mes escadrons comme un seul glaive qui
« creuse la mort dans la plaie de mon ennemi.

« Si la montagne lui prête un abri précaire, je dis
« à mes fantassins : Enfants, voilà ces fiers Arabes
« qui vous défient à la course ! Et les sacs pesants
« laissés sous bonne garde, mes petits chasseurs,
« déchaînés comme une meute ardente, enlèvent à la
« baïonnette ces mamelons d'où pleuvent des balles. »

« On perd peu de monde, et l'ennemi étonné de se voir atteint corps à corps, malgré sa barrière de feu, tombe comme les fleurs sous la baguette de Tarquin. » Dans leur langage pittoresque et concis, les soldats résumaient ainsi ce système : « Il nous faut, avec ce général, des jarrets de cerf, des ventres de fourmi et des cœurs de lion. »

C'étaient des généraux et des soldats d'*antan*.

*
* *

Les éminentes qualités militaires de l'armée d'Afrique eurent en 1843 de nombreuses occasions de s'affirmer. La vertu la plus rare, celle dont le soldat a le plus besoin, la constance durant le mauvais temps, brilla pendant la triple expédition dont nous avons parlé, confiée par le gouverneur général aux généraux duc d'Aumale, de Bar et Lamoricière, auxquels se joignirent Changarnier, partant de Milianah, et le gouverneur lui-même, venu de Cherchell par Haïnda. Cette expédition était si habilement conçue et si vigoureusement conduite qu'Abd-el-Kader ne pouvait sortir du cercle où on l'enfermait qu'en passant sur le corps d'une des cinq colonnes qui l'enveloppaient.

Malheureusement la colonne du gouverneur fut surprise au milieu d'un pays affreux par un ouragan terrible et prolongé, pendant lequel les soldats eurent à souffrir de cruelles souffrances, exposés, la nuit, à des tourbillons de pluie, de neige et de grêle, qui éteignaient tous les feux des camps, se réveillant le matin dans la boue pour continuer leur marche à travers des terrains défoncés, des torrents grossis et des froides ondes du nord qui les glaçaient jusqu'aux os, absolument comme à Mascara et aux deux expéditions de Constantine. Abd-el-Kader dut son salut à ce temps affreux, et parvint à se dérober.

Tant d'efforts, de courage et de constance devaient cependant avoir leur récompense; elle ne tarda pas, en effet, à nous être accordée, et ce furent le duc d'Aumale, le général Lamoricière et le général Tempoure qui en recueillirent la gloire, après en avoir assuré les succès.

CHAPITRE XXI

Le duc d'Aumale et la Smalah. — Lamoricière à Djedda. — Mort de Mustapha-Ben-Ismaël.

Chassé de l'Ouaransenis, Abd-el-Kader s'était porté vers le Djebel-Amour, alors couvert de riches moissons. Il dirigea sur ce point sa smalah, dont il couvrait la marche avec sa cavalerie, cherchant à donner le change au général Lamoricière, lancé à sa poursuite, ainsi que le duc d'Aumale. Mais pendant que, les yeux fixés sur Lamoricière, Abd-el-Kader suivait ses mouvements et se félicitait de le détourner de son but, l'orage qu'il conjurait ainsi à l'ouest allait fondre de l'est sur la smalah.

Le duc d'Aumale était parti le 10 mai de Boghar avec seize cents hommes d'infanterie, parmi lesquels notre bataillon des zouaves, une section d'artillerie de montagne et cinq cents chevaux. Son but était la smalah de l'émir, qu'on lui avait dit être dans les environs de Goudjilah. Arrivé à cette bourgade, de nouveaux renseignements le déterminèrent à diviser sa colonne, et, avec sa cavalerie, une demi-section d'artillerie et les zouaves ayant leurs sacs sur des mulets, il se dirigea sur Taguin, laissant au colonel Chadeysson, du 15ᵉ léger, l'ordre de le suivre avec les deux autres bataillons et cinquante chevaux.

On a quatre-vingts kilomètres à faire sans eau; mais on marche jour et nuit avec un courage égal à la fatigue et aux privations. Le 16, le prince fait une reconnaissance sans résultat, lorsque l'un de nos caïds, envoyé à la recherche de l'eau, arrive bride abattue, annonçant que la Smalah est campée aux sources même du Taguin, à mille mètres au plus du général.

Que faire? Les chefs arabes conseillent d'attendre les zouaves; les généraux venus de Paris avec mission royale d'accompagner le prince font valoir la responsabilité qui pèse sur eux; mais les zouaves, malgré leur vigueur, sont encore à deux lieues en arrière; d'un autre côté, quelques traînards de la Smalah ont signalé notre présence; encore une heure de retard, et tout nous échappe.

Le prince sent le sang des Bourbons et des Condé lui affluer au cœur; il jette les yeux sur les braves cavaliers qui l'entourent, et, voyant à leur tête les Morris, les Yusuf, les d'Allonville, c'est-à-dire tout ce qu'on peut citer de plus brave, il prend une résolution digne d'eux, digne de lui, digne de ses aïeux, et commande : « En avant! » Les chasseurs et les spahis se divisent en trois fractions, le prince restant en réserve, avec un peloton de trente gendarmes.

Cette charge fut irrésistible. Les guerriers ennemis, n'ayant pas eu le temps de se réunir, furent réduits à se défendre individuellement dans l'intérieur même du camp. Les cris des femmes, les pleurs des enfants, le bruit des armes de tant de combats particuliers remplissaient l'air d'un horrible fracas au milieu duquel se perdait la voix des chefs. Trop peu nombreux pour pouvoir envelopper cette immense population, nos officiers commandants font une coupure, et, laissant fuir une partie des Arabes, ils prennent le reste.

Il y eut des scènes indescriptibles, dont quelques-unes ont cependant été rendues par Horace Vernet dans son magnifique tableau de la prise de la Smalah, qui se voit au musée de Versailles. N'ayant plus d'ennemis à combattre, nos soldats se montrèrent remplis d'humanité; la femme d'Abd-el-Kader tint pendant quelques instants, en suppliante, l'étrier du colonel Yusuf qui ne la connaissait pas. Au besoin, le prince eût imposé la modération à nos cavaliers victorieux. Il recueillait les fruits de sa victoire avec une modestie égale à la valeur qu'il avait déployée dans le combat, et rassurait cette masse de prisonniers par des paroles et des gestes empreints de la plus grande bonté.

10.

Les zouaves conduits par leur lieutenant-colonel, M. de Chasseloup-Laubat, arrivèrent, après avoir fait une marche de plus de vingt kilomètres presque toujours au pas gymnastique, et, dès lors, on put rassembler prisonniers et bestiaux, et reprendre lentement la route de Boghar.

*
* *

Cet événement, accompli le 16, était connu le 19 du général Lamoricière. Se portant aussitôt sur la ligne de retraite des débris de la Smalah, il rencontra la tribu des Hachems, au milieu de laquelle se trouvait l'émir en personne. Les Hachems se rendirent aussitôt, et les soldats de l'émir, après avoir tiré sur ces malheureux, qui imploraient notre pitié, se retirèrent, entraînant leur chef dans leur fuite.

Rencontrés trois jours après par leur infatigable ennemi sur le plateau de Djedda, ils lui opposèrent une résistance désespérée, et finirent par laisser entre nos mains deux cent cinquante cadavres de réguliers, cent quarante prisonniers, quatre cents fusils, cent cinquante chevaux et le drapeau d'Abd-el-Kader.

*
* *

C'est après cette suite de succès remarquables que fut tué le vieux et fidèle Mustapha-Ben-Ismaïl, chef des Douairs et des Zmélas.

Après avoir pris une part brillante au combat de Djedda, ses goums étaient tellement chargés de butin, qu'il demanda au général Lamoricière la permission d'aller déposer ces richesses à Oran. M. de Lamoricière, qui avait un pressentiment de ce qui devait arriver, lui conseilla, tout en la lui accordant, de cheminer encore quelques jours avec lui et de prendre son chemin par la plaine; mais Mustapha insista pour exécuter sur-le-champ son projet et prendre une route qui, coupant les montagnes, abrégeait de beaucoup sa marche.

Parti à la tête de cinq à six cents cavaliers, il arriva dans un défilé boisé où l'ennemi s'était embusqué. A la première fusillade, Mustapha se porta en avant pour juger de l'importance de l'attaque; mais ses hommes, craignant pour leurs richesses, s'enfuirent à travers les fourrés, abandonnant leur vieux chef, qui tomba percé de coups.

Ce fut une grande perte pour nous, qui avions en lui un allié dont la fidélité était à toute épreuve; ce fut aussi un grand bonheur pour Abd-el-Kader, qui contempla avec une joie féroce la tête de ce vieillard qu'il avait toujours trouvé devant lui brave, actif comme un jeune homme et, avec Yusuf, son plus redoutable adversaire.

Ennemi acharné d'Abd-el-Kader et jouissant parmi les tribus, tant par sa naissance que par son courage personnel, d'une grande considération, Mustapha avait servi la France et de son épée et de sa parole; il a donc le droit d'être cité au nombre des *types militaires d'antan*.

Pendant huit ans, il n'avait cessé de combattre ou de négocier en faveur de la France. Il s'était successivement distingué sous les généraux Perregaux, Clausel, d'Arlanges, Bugeaud; avait été nommé maréchal de camp après le combat de la Sickak et successivement chevalier, officier et commandeur de la Légion d'honneur.

Quand il mourut, il était âgé de plus de quatre-vingts ans et conservait encore à cet âge la plus bouillante ardeur. El-Mezori, son neveu et son premier agha, le remplaça dans le commandement des goums des Douairs et des Zmélas, qui formaient le Margzen d'Oran.

*
* *

Il ne restait plus à Abd-el-Kader, après le combat

de Djedda, qu'un seul de ses bataillons réguliers auxquels il attachait tant d'importance. Ce bataillon était sous les ordres de Ben-Allal, le meilleur et le plus redouté des lieutenants de l'émir. Abd-el-Kader le cacha dans la forêt des Assenas, pour ne point ralentir les pointes hardies qu'il se proposait de faire à la tête de trois cents cavaliers, seule force mobile qui lui restât.

Cependant la position de ce bataillon finit par être connue, et l'on sut que Ben-Allal devait le conduire au Maroc, où Abd-el-Kader lui donnerait ses ordres. Le colonel Gery se mit à sa poursuite et faillit plusieurs fois le surprendre. Il était réservé au colonel Tempoure de détruire les restes de cette infanterie régulière et de montrer la tête du meilleur lieutenant de l'émir à ces mêmes tribus auxquelles Abd-el-Kader avait donné en spectacle celle de notre vieil allié Mustapha.

Ayant appris que Ben-Allal se trouvait à Assi-el-Kerma, le colonel Tempoure se dirigea sur ce point qu'il atteignit le 9 novembre, après trois jours de marche forcée. A Assi-el-Kerma, il sut que l'ennemi en était parti le 8 pour les puits du Gor, où l'émir l'attendait.

Ben-Allal avait donc près de trois journées d'avance sur nous, et il s'agissait de le gagner de vitesse. M. Tempoure allégea sa colonne, et ne prenant avec lui que huit cents hommes d'infanterie, trois pièces de montagne et cinq cents chevaux, il semit sur les traces des réguliers.

A ce moment, le temps devient très-mauvais, et la pluie tombe à torrents; cela ralentit énormément notre marche; mais on s'en console par la pensée que celle des réguliers, peu faits à voyager dans la boue, doit en être encore plus retardée; enfin on saisit deux misérables habitants du pays, qui apprennent au colonel la véritable position de Ben-Allal. Ce chef n'est qu'à huit ou neuf heures de marche de nous. La pluie continue à tomber avec violence; le terrain est entièrement détrempé; les Arabes le déclarent impraticable, mais rien n'arrête le colonel.

On marche de nouveau sur les traces de Ben-Allal, qui ignorait notre apparition dans le pays. D'horribles difficultés avaient épuisé nos forces, surtout celles de l'infanterie. Ce qu'elle éprouva de peines dans cette marche est impossible à décrire.

Le 11 novembre, à la pointe du jour, on arrive sur l'Oued-Kacheba, où l'on ne tarde pas à reconnaître le bivouac de l'ennemi. Cette fois, ses feux ne sont pas complétement éteints; cette vue fait oublier aux soldats toutes leurs souffrances. La presque certitude de joindre l'infanterie de l'émir les remplit d'enthousiasme; et, après un repos de quelques instants, ils se remettent en route. Ni les torrents grossis par les pluies, ni les ravins inextricables ne peuvent ralentir leur ardeur ; ils traversent courageusement tous les obstacles. Une forte fumée, sortant d'un bois à l'origine de l'Oued-Mallah, leur apparaît et fait tressaillir tous les cœurs : l'ennemi est là ; tant de courage et de persévérance de notre part va recevoir sa récompense.

Le colonel, sans perdre un instant, forme sa cavalerie, sous les ordres du colonel Tartas, en trois colonnes de deux escadrons chacune, avec deux escadrons en réserve derrière la colonne du centre. L'infanterie doit suivre au pas de course le mouvement de la cavalerie. Bientôt, une vedette de l'ennemi sort précipitamment d'un taillis, tire un coup de fusil et fuit à toute bride pour donner l'alarme dans son camp. Notre cavalerie, le sabre à la main, prend le trot et arrive au bout de quelques minutes sur une colline d'où elle aperçoit le camp de l'ennemi à portée de fusil.

Ben-Allal avait fait prendre les armes, et sa troupe, formée en deux colonnes serrées, ses drapeaux en tête, se dirigeait, tambours battants, vers une colline boisée et rocheuse. A notre aspect, elle fait ferme et attend bravement l'orage qui fond sur elle. Mais la fusillade à bout portant n'arrête pas la charge de notre cavalerie, charge qui se fait dans un ordre admirable et irrésistible. Tout est culbuté, et le carnage devient terrible. L'arrivée de notre infanterie sur le terrain permet seule de le faire cesser et de recueillir çà et là les débris vivants de cette troupe cernée.

Ce fut surtout vers la tête de la colonne que se précipitèrent nos braves chasseurs et spahis..... c'étaient là qu'étaient les drapeaux. Leurs défenseurs furent sabrés, et ces glorieux trophées tombèrent en notre pouvoir.

Témoin de la mort de ses porte-drapeau et de l'horrible massacre qui venait d'avoir lieu autour de lui, le kalifa, accompagné de quelques cavaliers, cherchait à fuir, et déjà il avait gagné la pente rocheuse de la montagne.

Mais M. de Cassaignolles, capitaine aux spahis, sans le connaître et conduit par un heureux instinct, s'était acharné à le poursuivre à travers d'affreuses difficultés. Deux brigadiers du 3° chasseurs et un maréchal des logis des spahis, accourus à sa voix, vinrent le seconder dans son entreprise.

Ben-Allal, entouré par ces quatre ennemis, semblait ne devoir plus songer à se défendre, et déjà le brigadier Labossay se préparait à recevoir de ses mains le fusil que ce chef lui présentait la crosse en avant, lorsque, par un mouvement rapide comme l'éclair, celui-ci en dirigea le canon sur la poitrine du brigadier qu'il étendit roide mort. Le capitaine Cassaignoles, le sabre au poing, allait venger la mort de Labossay, quand un coup de pistolet du kalifa renversa le cheval de cet officier. Un second coup de pistolet blessa le maréchal des logis Sicot, qui venait de lui asséner un coup de sabre sur la tête.

Ben-Allal, n'ayant plus de feu contre ses assaillants, se défendait avec son fusil déchargé, lorsque le brigadier Gérard mit fin à cette lutte désespérée, en lui tirant un coup de pistolet dans la poitrine à brûle-pourpoint.

Ben-Allal tomba de son cheval, et Gérard, sautant promptement à terre, lui mit le genou sur la poitrine en criant : « Il est à moi, mon capitaine !
« — Regardez s'il est borgne ! lui dit M. de Cassai-
« gnoles. — Il l'est. — Eh bien ! mon brave, réjouis-
« sez-vous ! Vous voilà chevalier de la Légion d'hon-
« neur, car vous avez tué le kalifa Ben-Allal-Sidi-
« Embarak. »

La tête de Ben-Allal fut portée à Milianah et montrée à toutes les tribus, qui ne voulaient pas croire à la mort du conseiller intime d'Abd-el-Kader, son meilleur homme de guerre, et, après lui, le personnage le plus important et notre ennemi le plus acharné.

Le jour de sa rencontre avec nos troupes, il avait huit cents fantassins réguliers, cent cinquante cavaliers démontés et quatre-vingt-dix montés. Il perdit quatre cent quatre fantassins et cavaliers réguliers, dont deux commandants de bataillon et dix-huit capitaines restés sur le terrain ; trois cent soixante-quatre prisonniers, dont treize officiers, trois drapeaux et six cents fusils.

Les pertes de notre côté furent insignifiantes : un seul tué — le brigadier Labossay — et huit chasseurs ou spahis blessés.

CHAPITRE XXII

Les capitaines Daumas et Favart à Sidi-Rached. — Le sergent Blandan à Mered.

En retraçant les faits culminants de la campagne de 1843, j'ai voulu surtout mettre en relief quelques noms d'officiers, sous-officiers et soldats, héros d'un jour, oubliés le lendemain par les écrivains fantaisistes ou officiels, particulièrement enclins, les uns à poétiser leurs récits, les autres à glorifier les hauts personnages. La justice que je m'efforce de rendre à mes camarades serait donc incomplète si je ne relatais une action de guerre où s'illustrèrent deux capitaines du 2ᵉ chasseurs d'Afrique, MM. Daumas et Favart.

C'était chez les Flittas, où le général Gentil guerroyait depuis plusieurs mois. Le 16 mai, jour de la prise de la Smalah, cinquante chasseurs, sous les ordres du capitaine Daumas, s'étant trop éloignés de la colonne principale, se virent tout à coup entourés par plus de quinze cents cavaliers ennemis. Essayer de les rompre par une charge hardie, c'était une témérité qui hâterait la perte du détachement; prévenir le général, il y fallait encore moins songer, un homme seul ne ferait pas ce que cinquante ne pouvaient tenter.

Le capitaine Daumas se regarde comme perdu, mais il prend la résolution de vendre chèrement sa vie. Gagnant à grand'peine le marabout de Sidi-Rached, situé sur un petit tertre, il met pied à terre, fait tenir les chevaux en arrière par quelques hommes, et, plaçant le reste de ses cavaliers derrière le marabout, les pierres et autres petites défenses, il engage avec les assaillants un véritable combat d'infanterie.

Le bruit de cette fusillade attire l'attention d'un autre capitaine, M. Favart, qui, avec soixante chevaux, éclairait également la marche du général. Se portant aussitôt en avant, cet escadron aperçoit dans un cercle de feu cette poignée de Français qui soutiennent héroïquement une lutte impossible.

Le capitaine Favart était libre de ses mouvements; il pouvait rejoindre la colonne sans être inquiété dans sa marche, sans crainte d'être soupçonné de faiblesse, à cause de l'énorme supériorité de l'ennemi; mais une pareille pensée ne pouvait venir à ce brave officier : « Mes amis, dit-il à ses hommes, vous voyez ce qui se passe; cinquante de nos camarades sont engagés dans une lutte où ils doivent succomber. Nous pouvons, ou partager leur sort et mourir glorieusement avec eux, ou regagner tranquillement la colonne, en emportant au fond du cœur la honte d'une lâcheté... Choisissez ! » Un même cri sortit de toutes ces généreuses poitrines : « A eux ! à eux, capitaine ! » Et mettant aussitôt le sabre à la main, M. Favart commande la charge, se bornant à faire prévenir le général.

Le cercle ennemi fut brisé par cette furieuse attaque extérieure ; mais il se reforma presque aussitôt sur ces braves, que les Arabes saluèrent de cris féroces, comme autant de nouvelles victimes.

Imitant les dispositions de son camarade, le capitaine Favart fait mettre pied à terre et place ses hommes à côté de leurs amis. La lutte prend dès lors un caractère plus énergique, mais son issue, pour en être retardée, n'en doit pas moins être mortelle pour les chasseurs qui luttent un contre vingt, lorsque tout à coup le clairon retentit au loin sur les derrières des Arabes. Ses sons raniment les héros de Sidi-Rached et portent le trouble dans les rangs ennemis. C'est un bataillon du 32° qui accourt sans sac, au pas gymnastique, guidé par le général lui-même. Les Arabes n'attendent pas cette infanterie et se dispersent au loin sans être poursuivis, car ce n'est pas là la mission du 32°, et les chasseurs, ainsi délivrés, sont épuisés par la longue lutte qu'ils ont soutenue.

On se compte, et l'on reconnaît alors vingt-deux tués et trente blessés. Au nombre de ces derniers, il y a six officiers, et les deux escadrons n'en comptent que sept ; un seul est sain et sauf. Le combat de Sidi-Rached eut un immense retentissement en Algérie et en France, et c'est en effet une des plus belles pages de l'historique du 2ᵉ chasseurs d'Afrique. Les deux capitaines qui jouèrent le plus beau rôle dans ce drame héroïque furent l'objet de l'admiration de l'armée. Qui donc connaît aujourd'hui le combat de Sidi-Rached? Qui se souvient des capitaines Daumas et Favart?... Les vieux et rares survivants de cette époque. Puisse ce livre de souvenirs tomber sous les yeux de nos jeunes camarades et leur apprendre ce que c'était que les soldats d'*antan !*

*
* *

Le lecteur a pu remarquer que sans m'astreindre à un ordre chronologique préconçu, je dessine mes *types militaires d'antan* au fur et à mesure qu'ils se présentent à ma mémoire, avec le cadre dans lequel je les ai vus se mouvoir. C'est ainsi que les capitaines Daumas et Favart me ramènent d'une année en arrière, à la mort héroïque du sergent Blandan.

Le 10 avril 1842, le sergent Blandan du 26ᵉ de

ligne sortait de Boufarik à la tête de dix-huit hommes de son régiment et du 2ᵉ chasseurs d'Afrique. M. Ducros, sous-aide-chirurgien, allant rejoindre son poste à Blidah, s'était uni à cette petite troupe chargée de la correspondance jusqu'au blockhaus de Mered.

Arrivé au ravin couvert de broussailles qu'il fallait traverser avant d'atteindre le blockhaus, le détachement est entouré par trois cents Arabes venus de l'est.

Blandan se hâte de former sa troupe pour combattre, lorsqu'un grand nègre, qui paraissait être le chef des Arabes, se détache des rangs ennemis et lui dit en assez bon français pour en être compris : « Rends-toi, sergent, et il ne te sera fait aucun mal, ni à toi ni à tes hommes. — Tiens! lui répondit Blandan, voilà comment je me rends! » Et, en même temps, le mettant en joue, il le tue et commande à ses hommes de commencer le feu.

Les Arabes plient sous cette décharge; mais honteux de céder devant une poignée de soldats, ils reviennent sur eux, et cette faible troupe est criblée de balles. Furieux d'une pareille résistance, trois fois ils s'élancent sur elle sans réussir à l'entamer. Huit hommes sont tombés à leur première décharge; Blandan lui-même a reçu trois coups de feu, et il continue à commander. Le cheval du brigadier des chasseurs est tué, et son cavalier renversé.

« Prends le commandement, lui dit Blandan, car
« pour moi je n'en puis plus ! » Les blessés, couchés
dans la poussière, chargent les armes de leurs camarades, et ce sont cependant des recrues d'un an à
peine de service, qui n'avaient pas encore vu le feu.

Mais, d'instant en instant, cette troupe héroïque
diminue ; il ne reste plus que sept hommes debout,
lorsque, tout à coup, les Arabes s'arrêtent, tournent
les yeux à droite et à gauche, se consultent et semblent hésiter. Une colonne de poussière s'est élevée
du côté de Boufarik, et s'avance comme les nuées
d'un ouragan, en même temps que des cris retentissent au delà du ravin du côté du blockhaus. Bientôt
le bruit d'une troupe de cavaliers lancés au galop se
fait entendre, les lames de sabre lancent des éclairs ;
c'est le colonel Morris qui arrive de Boufarik avec
ses chasseurs, et le lieutenant du génie Joulard qui,
avec trente fantassins, accourt de Mered où il exécutait quelques travaux.

Des deux côtés on se précipite sur la horde de
Ben-Salem ; les trente hommes du lieutenant Joulard
les fusillent vivement, tandis que le colonel Morris
et ses cavaliers l'abordent et la sabrent avec une
vigueur qui ne lui laisse que le temps de tourner
bride et de fuir, en abandonnant sur le terrain
grand nombre des siens, sans avoir pu enlever le
plus petit trophée à nos camarades.

Le colonel revient ensuite au groupe du 26°, et, s'approchant de Blandan, il cherche à le ranimer par quelqu'une de ces paroles qu'un brave trouve toujours au fond de son cœur. Mais Blandan ne peut plus lui répondre; ses lèvres, déjà livides, ne laissent échapper que ces mots : « Courage, mes amis, « défendez-vous jusqu'à la mort! »

Un instant il paraît recouvrer ses sens, et le colonel en profite pour lui mettre sa propre croix dans la main. Ranimé au contact de ce signe de la valeur, Blandan a la force de le porter à ses lèvres, et il expire en le baisant.

La grande âme du maréchal fut émue au récit de cette action sublime, et elle s'exhala dans un ordre du jour adressé à l'armée. Parmi les nobles et vigoureuses pensées qui le remplissaient, on remarquait celles-ci :

« Lesquels ont mérité le plus de la patrie, de
« ceux qui ont succombé sous le plomb, ou des cinq
« braves qui sont restés debout et qui, jusqu'au der-
« nier moment, ont couvert le corps de leurs frères?
« S'il fallait choisir entre eux, je m'écrierais : Ceux
« qui n'ont pas été frappés! Car ils ont vu toutes
« les phases du combat, dont le danger croissait à
« mesure que les combattants diminuaient, et leur
« âme n'en a point été ébranlée. »

A la place où eut lieu le combat, et au milieu du

gracieux village de Mered, s'élève un obélisque destiné à perpétuer ce fait glorieux. Son fût, haut de vingt-deux mètres, repose sur une base disposée en fontaine : sur une face on lit :

AUX VINGT-DEUX BRAVES DE MERED.

Sur l'autre :

COMBAT DU 10 AVRIL 1842.

Mieux que sur le marbre et le granit de la fontaine de Mered, le souvenir de Blandan et de ses compagnons est conservé dans le cœur du 26e de ligne, le régiment de ces braves. Chaque année l'anniversaire de Mered est célébré par un service funèbre d'abord, puis par des jeux militaires. C'était du moins ainsi il y a six ans encore; nous ignorons si la première partie du programme de la fête n'a pas été supprimée depuis lors..... C'est possible et même probable.

CHAPITRE XXIII

Le duc d'Aumale dans la division de Constantine. — Méchoumèche. — Le duc de Montpensier. — Le capitaine Espinasse. — Biskara. — Les turcos.

Trois faits principaux dominent l'année 1844 : la soumission de la province de Constantine par le duc d'Aumale, l'expédition de la Grande Kabylie et la campagne du Maroc. Je ne m'y arrêterai que le temps nécessaire à raconter les épisodes les mieux faits pour mettre en relief les vertus militaires de notre armée, et citer des noms illustrés depuis lors ou malheureusement oubliés.

Le duc d'Aumale, nommé général de division en récompense de la prise de la Smalah, fut investi du commandement de la division de Constantine et en prit possession le 5 décembre 1843. Son premier soin fut de mettre de l'ordre dans l'administration, qui laissait fort à désirer, et l'on vit bientôt la modération et la justice remplacer la violence et les exactions qui désolaient cette belle province.

Après avoir fait ainsi pressentir ce que serait un

jour entre ses mains le gouvernement général de l'Algérie, le prince exécuta son plan de campagne contre les tribus qu'il avait à soumettre. Ce plan consistait à établir un centre de ravitaillement à Batna, et à rayonner entre le M'zab et le Tell, pour expulser les agents de l'émir, chasser Ahmed, l'ancien bey de Constantine, réduire les tribus et établir le pouvoir de Ben-Ganah, nommé Cheik-el-Arab par la France.

Nos troupes marchèrent d'abord contre un kalifa d'Abd-el-Kader, nommé El-Sghir, qui se tenait dans les montagnes des Ouled-Sultan. Elles se composaient de deux mille quatre cents hommes d'infanterie, six cents chevaux et trois pièces de montagne commandées par le plus jeune des fils du Roi, le duc de Montpensier, venu à son tour apprendre la guerre là où ses aînés s'étaient déjà illustrés.

Les premiers coups de feu s'échangèrent dans le M'zab ; le premier combat sérieux eut lieu à Méchoumèche, village perché sur une position formidable, au milieu de rochers et de bois touffus, offrant une suite de retranchements naturels occupés par les Kabyles et les réguliers.

L'attaque commence par le village, que le 2° de ligne et la légion étrangère enlèvent à la baïonnette. Les Arabes se retirent sur une sorte de fort d'où les chasse l'artillerie du duc de Montpensier. De là, ils se réfugient sur un énorme rocher à pic qui paraît inexpugnable. La légion étrangère tente d'enlever cette position, et elle est repoussée avec perte. Le 2ᵉ de ligne accourt la soutenir, et les efforts réunis de ces deux troupes se brisent contre le rocher.

Les Arabes poussent des cris de joie et se croient sûrs de la victoire ; nos troupes sont harassées de fatigue et semblent se rebuter ; le moment est critique et solennel. Le prince rallie les compagnies éparses, prend de nouvelles positions pour l'assaut, et, donnant lui-même le signal de l'attaque, il s'élance en avant, suivi de son frère et de son état-major. A droite et à gauche, nos soldats gravissent le rocher, en se servant des broussailles et des aspérités du granit, sans s'arrêter, sans riposter à la vive fusillade des Arabes, à laquelle notre artillerie seule répond. Trente hommes seulement sont derrière les princes, et sur ces trente hommes, il y a dix officiers. La bravoure de ces assaillants frappe l'ennemi de terreur et le force à se jeter à travers les précipices, pour fuir ensuite dans toutes les directions.

Sur le piton, on se presse autour des princes, et l'on se rend compte seulement alors de la hardiesse de cette attaque, où le général a combattu comme un grenadier.

Le duc d'Aumale embrasse son jeune frère à travers le sang dont son visage est inondé, et qui coule d'une blessure reçue à un œil.

Le colonel Jamin, aide de camp du duc d'Aumale, est tombé à mi-côte, frappé d'une balle à la hanche; nos pertes sont sensibles, mais la victoire est à nous, elle a été fixée par la prise du formidable piton.

Après un instant de repos, la charge retentit de nouveau. Nos bataillons, remplis d'ardeur, se précipitent sur tous les points à la fois, et ils ne rentrent au bivouac qu'à dix heures du soir, APRÈS AVOIR COMBATTU DEPUIS L'AUBE ET SANS AVOIR RIEN MANGÉ DE LA JOURNÉE.

Parmi les blessés se trouvait M. Espinasse, alors capitaine à la légion étrangère. Il avait soutenu avec sa seule compagnie les efforts vingt fois renouvelés de plus de cinq cents Kabyles. Ce fut le commencement de sa fortune militaire. Le prince, témoin de sa bravoure, le prit en affection, le fit décorer, et, les circonstances aidant, nous l'eûmes, en 1847, pour chef de bataillon aux zouaves. Il nous quitta en 1849 pour aller à Rome en qualité de lieutenant-colonel, et il eut la bonne fortune d'arriver à l'armée d'Italie deux ou trois jours avant la prise de la ville, de manière à pouvoir prendre le commandement d'une des colonnes d'assaut. On sait la part que prit le colonel Espinasse au coup d'État du 2 décembre, et sa mort glorieuse comme général de division à Magenta.

Je me suis arrêté avec plaisir aux détails du combat de Méchoumèche, parce que c'est l'un de ceux où généraux, officiers et soldats ont montré le plus de bravoure. Je laisse maintenant le duc d'Aumale continuer l'exécution de son plan de campagne et le mener à bonne fin, pour raconter l'épisode peu connu de Biskara.

* * *

Le commandant Thomas, officier d'un véritable mérite, mort général pendant la campagne contre les Beni-Snassen (1859), avait été chargé d'organiser un bataillon indigène sur le modèle de celui créé en 1838 par le commandant Molière à Constantine.

Ces bataillons, souche de nos excellents régiments de tirailleurs — *vulgo* turcos — étaient, à leur origine, assez mal composés. Ils n'acquirent de la solidité que sous le commandement de Wimpfen et de Bourbaki, alors que chaque province en possédait un. Nous avions vu le premier de ces bataillons en 1839, à Sétif, où son commandant l'avait présenté au duc d'Orléans, lors de l'expédition des Bibans. Son uniforme était celui des réguliers d'Abd-el-Kader, large veste à capuchon en gros drap marron, culotte arabe en étoffe bleu foncé et souliers indigènes découverts, jambes nues. Il y avait loin de ce sombre habillement à l'élégant uniforme d'aujourd'hui, et aux couleurs voyantes, jaune et bleu de ciel, adoptées depuis lors par des chefs intelligents et connaissant le goût des Arabes pour tout ce qui brille et tire l'œil.

Le commandant Thomas avait admis nombre de déserteurs des réguliers d'Abd-el-Kader dans son bataillon, et avait été laissé par le duc d'Aumale à Biskara, pour garder cette ville, en complétant l'organisation de sa troupe. Peu de temps après, jugeant notre établissement assez fort pour résister à toute agression de l'ennemi, le commandant s'en éloigna pour se montrer aux tribus voisines, en y laissant une compagnie de son nouveau bataillon. Cette troupe, sous les ordres du lieutenant Petit-Grand, ne comptait que huit Français; le reste était indigène.

Tout alla bien pendant quelque temps; mais, dans la nuit du 11 au 12 mai, nos huit compatriotes furent assaillis pendant leur sommeil, trois furent tués, ainsi que le lieutenant, et trois autres furent faits prisonniers. Un seul, le sergent-major Pelisse, parvint à se sauver. Les Arabes déserteurs d'Abd-el-Kader, qu'on avait admis au bataillon indigène, s'étaient abouchés avec ceux du dehors, et avaient tramé avec eux un complot à la suite duquel cent cinquante de ces derniers furent introduits dans la place.

Le sergent-major Pelisse put gagner Tolga, où le caïd, qui nous était resté fidèle, l'accueillit avec empressement, pendant que Mohamed-Ben-Hadj, le chef des insurgés, entrait en triomphateur à Biskara.

Au moment de son arrivée à la Kasbah, les Arabes, auteurs du coup de main de la nuit du 11, lui présentèrent une jeune Française qui vivait avec l'infortuné Petit-Grand, et qu'ils n'avaient pas tuée afin d'en faire hommage à leur chef. Celui-ci l'accepta, s'attacha à elle et finit par en faire sa femme.

En apprenant ces tristes événements, le prince se porta en toute hâte sur Biskara, cherchant, sans pouvoir en obtenir, des nouvelles postérieures au 12. Son cœur était dévoré d'inquiétude pendant sa marche; mais quelle ne fut pas sa surprise lorsque, en arrivant devant Biskara, il en vit sortir le sergent-major Pelisse avec le caïd de Tolga, et qu'il apprit de leur bouche ce qui s'était passé depuis la surprise de la Kasbah par les Arabes!

Mohamed-Ben-Hadj, pressentant que le prince ne manquerait pas d'accourir, et ne voulant pas se laisser enfermer dans la place, avait pris toutes ses précautions pour cette éventualité; de sorte qu'à la nouvelle de la marche de notre colonne, il avait abandonné sa facile conquête, en ayant soin d'emporter les approvisionnements qu'il avait trouvés à la Kasbah.

Le caïd et le sergent-major Pelisse, qui se tenaient aux aguets avec une troupe d'indigènes de Tolga, étaient rentrés aussitôt dans la place, bien disposés à faire bonne garde et à résister à toute attaque de l'ennemi. C'est alors qu'ils aperçurent nos bataillons et qu'ils allèrent au-devant d'eux.

*
* *

Pendant que le duc d'Aumale pacifiait la province de Constantine, le général de Lamoricière soumettait les tribus de l'Ouest, entre Mascara et la frontière du Maroc ; le général Marey-Monge, à la tête d'une colonne légère, poussait une pointe pacifique au sud jusqu'à Laghouat, et visitait les oasis de Assafia, El-kaïroum, Boudrin, etc. Au milieu des combats de tous les jours et des marches dans tous les sens, notre lot depuis l'arrivée du général Bugeaud, nous avions vu se créer comme par enchantement Orléansville, Tenez, Tiaret, Teniet-el-Had, Oued-Rouina, Boghar, Kramis des Beni-ourag, villes ou postes qui permettaient à nos colonnes de se ravitailler, de réagir au loin dans le pays, de fouiller les montagnes insurgées du Dahara et de l'Ouaransenis, de s'élancer dans le désert pour y poursuivre les populations chassées du centre, et d'exécuter les beaux faits d'armes qui se nomment la prise de la Smalah et la mort de Ben-Allal.

S'il avait fallu le génie militaire et administratif d'un Bugeaud pour concevoir et diriger ces prodigieux événements, ce génie avait aussi besoin d'une armée exceptionnelle pour les accomplir. Or l'armée d'Afrique, à cette époque, méritait ce nom, car elle était réellement incomparable. Elle l'avait prouvé dans cent occasions, elle devait surtout le montrer dans la gigantesque expédition de la Kabylie, où allait la conduire son illustre général.

CHAPITRE XXIV

La Grande Kabylie. — Le maréchal à Ouarèz-Eddin. — Le capitaine Corréard. — Le zouave Guichard.

Il était évident qu'on ne pouvait pas laisser la Grande Kabylie indépendante au milieu de cent tribus soumises; c'eût été un foyer permanent où les agitateurs seraient venus sans cesse souffler le feu des insurrections; c'était une verrue au front de notre colonie. Le maréchal résolut d'y planter le drapeau de la France et de réduire à la soumission ces innombrables et terribles montagnards qu'aucun dominateur n'avait jamais pu vaincre. Le moment était opportun, et ils nous offraient eux-mêmes un motif légitime d'intervention, en donnant asile et concours à Ben-Salem, kalifa d'Abd-el-Kader.

Après avoir fait prendre secrètement des renseignements sur la topographie des lieux, la force de ces tribus, leurs habitudes, leurs mœurs et leur constitution, le maréchal dressa son plan de campagne et le soumit au gouvernement, en lui demandant d'accroître ses moyens d'exécution. Le gouvernement fit pour lui ce qu'il avait précédemment fait pour son prédécesseur, le maréchal Clausel, lors de la première expédition de Constantine : il lui refusa des renforts. Mais notre gouverneur, persévérant comme un homme qui est dans le vrai, sut se passer de ce qu'il ne pouvait obtenir de Paris, et trouva le moyen de se faire une colonne de sept à huit mille hommes, sans enlever à ses lieutenants un seul bataillon qui pût leur être nécessaire.

Sept mille hommes ! C'était bien peu pour une pareille entreprise ; mais quel général et quelles troupes ! C'est un devoir et un plaisir pour moi que d'en citer la composition, car jamais bataillons plus vaillants ni plus aguerris n'ont combattu sur le sol africain.

Le maréchal divisa ses sept mille hommes en trois colonnes. Deux bataillons du 3º léger et deux du 58º de ligne formaient la colonne de droite, commandée par le général Gentil. Le général Korte commandait la colonne de gauche, composée de deux bataillons du 48º et d'un bataillon de tirailleurs. Le maréchal marchait avec la colonne du centre qui réunissait deux bataillons du 26º, un bataillon de zouaves, un du 55º et deux cents chasseurs d'Afrique. Le colonel Smith commandait cette colonne. L'artillerie était dirigée par le chef d'escadron Liautey. Le corps expéditionnaire fut rejoint sur le Corso par notre kalifa Mahi-Ed-Din à la tête d'un goum de quatre cents chevaux.

Des proclamations furent adressées aux Kabyles; ceux-ci envoyèrent des députations au-devant de nous, sous prétexte de négocier la paix, mais en réalité pour gagner du temps et mettre la dernière main à leurs préparatifs de défense. Le maréchal n'était pas leur dupe; et, tout en feignant de croire à leur sincérité, il avançait toujours dans leurs montagnes, non sans avoir au préalable occupé Dellys, petit port indispensable pour notre ravitaillement ainsi que pour l'évacuation sur Alger de nos malades et blessés, et établi à Bordj-Menaïel un camp d'approvisionnement.

La première journée de poudre eut lieu au passage du Boubarack. Ben-Salem, qui suivait nos mouvements avec huit mille hommes, prit notre marche, en quittant Dellys, pour une retraite sur Alger. Son erreur lui coûta cher. Il fut culbuté en un instant, et la chasse que nous lui donnâmes nous conduisit au pied des crêtes sur lesquelles se dresse une ligne de villages dont le plus important se nomme Taourgha. L'attaque commença aussitôt de notre part; les villages furent simultanément enlevés par les colonnes qui les avaient pour objectif, et les Kabyles laissèrent quatre cents morts sur le terrain.

Du 13 au 17 mai, le temps fut affreux; la pluie,

qui tombait à torrents, rendait notre marche lente, difficile, pénible dans ces ravins tortueux, coupés de torrents et de fondrières béantes. La bise était glaciale à ces altitudes ; la pluie éteignait les feux du bivouac ; les soldats se réveillaient dans des flaques de boue ; les chevaux ne pouvaient plus paître l'herbe inondée ; les vivres étaient avariés ; le dénûment le plus complet menaçait l'armée française.

Enfin, le 17, à trois heures du matin, le temps s'étant éclairci, les colonnes se formèrent sans bruit sur le front de bandière et dans le silence le plus absolu. Les sacs restaient au camp, et les hommes ne portaient que deux biscuits, une ration de viande cuite et leur provision de cartouches. On se mit en marche, le maréchal en tête de ses troupes auxquelles il avait donné pour avant-garde un petit détachement de sapeurs du génie et deux compagnies de zouaves, le tout sous les ordres de notre lieutenant-colonel, M. de Chasseloup-Laubat. On grimpe, on grimpe, on est à huit cents mètres de hauteur ; le jour commence à poindre ; tout à coup une vive fusillade éclate au-dessus de notre tête : c'est notre avant-garde aux prises avec l'ennemi ; la bataille d'Ouarez-Eddin vient de commencer.

*
* *

La bataille d'Ouarez-Eddin dépasse en importance toutes celles qui ont été livrées jusqu'ici en Afrique et, probablement, celles qui s'y livreront désormais. Tout au plus peut-on lui comparer l'assaut de Constantine. Quant à la bataille d'Isly, dont nous allons bientôt parler, supérieure peut-être à Ouarez-Eddin au point de vue de ses conséquences politiques, elle ne peut lui être assimilée ni pour les difficultés du terrain, ni pour la bravoure des ennemis, ni pour l'étendue de nos pertes.

La bataille se composa de quatre combats successifs, mais presque continus, et elle dura quatorze heures. Pendant quatorze heures, toutes nos troupes marchèrent et combattirent sans trouver un instant pour manger les trois biscuits et la ration de viande cuite qu'en partant le matin du bivouac, elles avaient emportés, avec leurs cartouches, dans leur sac de campement roulé en sautoir. Les officiers combattirent comme de simples soldats, et l'on vit le colonel Pélissier, de l'état-major général, charger, l'épée à la main, à la tête du 26° de ligne. Il y eut même un moment critique où le général en chef paya lui-même de sa personne.

Après le troisième combat, tout paraissait terminé, le général conduisait ses troupes harassées au bivouac, un peu en arrière du plateau central, lorsque les Kabyles, renforcés par un contingent de trois mille hommes, qui leur arrivait du Djurjurah, tentèrent encore un effort désespéré. Se glissant dans des ravins inextricables, escaladant des rochers inaccessibles, ils parvinrent à nous entourer d'un cercle de feu. Le maréchal, qui tenait tous ses bataillons sous la main, les laissa s'approcher le plus possible; puis, quand il jugea que nous pourrions les atteindre à la baïonnette, il nous lança sur eux au pas de course.

Ce fut un mouvement magnifique, que dominait la grande et belle tête du maréchal. Qu'il était beau à voir, la tête nue, debout sur un rocher, au milieu des balles qui sifflaient par centaines à ses oreilles, animant ses bataillons du geste et de la voix, arrachant un clairon des mains d'un voltigeur, et sonnant lui-même la charge à ses soldats enivrés par la lutte!

Les Kabyles ne purent pas tenir contre une pareille attaque; percés de coups de baïonnette, poursuivis et atteints par nos balles, ils n'essayèrent même pas de s'arrêter sur leurs positions; et, franchissant la crête de la montagne, ils disparurent sur le versant opposé.

L'ennemi, sur la ligne de bataille qui était de plus

de deux lieues, avait laissé un millier de cadavres ; ce qui suppose des pertes bien plus considérables tant en tués qu'en blessés ; plus de quarante villages avaient été incendiés. Là, le massacre avait été terrible : hommes, femmes, enfants s'étaient fait tuer jusqu'au dernier plutôt que d'abandonner leurs foyers : ici, c'était un vieillard qui s'était fait clouer sur le seuil de la porte de sa cabane en en défendant l'entrée ; plus loin, une jeune fille gisait à côté d'un vieux cadavre, tenant encore, dans sa main crispée par la mort, le fusil avec lequel elle avait abattu le meurtrier de son père. Des langues de feu, alimentées par l'huile dont les Kabyles ont de grandes provisions, et qui s'était répandue partout lorsque la chaleur eut fait éclater les jarres qui la contenaient, atteignaient peu à peu tous ces cadavres et répandaient dans l'air une odeur repoussante et une vapeur de sang nauséabonde.

De notre côté, nous avions eu trente et un hommes tués et cent cinq blessés. Les officiers mis hors de combat appartenaient à l'avant-garde, qui, comme on l'a vu, avait donné en plein sur le centre des contingents kabyles. Les blessés étaient M. Ducasse, capitaine du génie, — la cuisse cassée ; M. Rampont, lieutenant de zouaves, — la mâchoire fracassée ; M. Corréard, capitaine de zouaves, — trois coups de feu ; M. Badille, sous-lieutenant de zouaves, avait été tué roide.

L'intrépide capitaine Corréard — devenu général — ne voulait pas, malgré ses trois blessures, quitter le champ de bataille. Un zouave, nommé Guichard, l'enlève malgré lui sur ses épaules, et essaye de le porter en arrière. Deux Kabyles s'élancent sur lui; Guichard dépose son précieux fardeau, tue l'un de ses ennemis d'un coup de feu, l'autre d'un coup de baïonnette; puis reprenant son capitaine, il l'emporte assez loin pour le mettre à l'abri.

Les résultats de la bataille d'Ouarez-Eddin furent immédiats et des plus satisfaisants. Ben-Salem, le kalifa d'Abd-el-Kader, le fauteur de la résistance, s'enfuit du côté de Bougie, et les Kabyles indignés de se voir abandonnés par leur chef, après qu'ils avaient montré la plus grande bravoure, qu'ils avaient vu tomber leurs plus intrépides guerriers, ruiner leurs vergers, incendier leurs villages, demandèrent l'aman.

Ben-Zamoun, chef de la grande tribu des Flissah, vint lui-même à notre camp offrir la soumission de ces montagnes dont les vingt mille combattants obéissaient à ses ordres. Le maréchal sut trouver des paroles flatteuses pour les vaincus de la veille : « Je « suis le plus fort, leur dit-il, mais vous êtes de « nobles et courageux adversaires. Cette journée de « poudre doit cimenter entre nous une estime réci- « proque, et la paix n'en sera que plus solide. » Il fit des conditions d'une extrême douceur, et, en habile politique, il donna l'investiture de notre autorité sur la Kabylie à Ben-Zamoun lui-même.

Dès que tout fut conclu, nous prîmes les armes, et l'armée se rangea en bataille devant le front de bandière. L'artillerie fit une salve de tous ses canons, et l'infanterie déchargea ses armes par un feu de deux rangs. C'était une manière convenue d'annoncer la paix aux Kabyles. En même temps, Ben-Zamoun, revêtu du burnous rouge, se dirigeait vers le centre de son commandement.

Le maréchal nous quitta presque subitement, à la réception de graves nouvelles de l'Ouest. Les troupes reprirent le chemin de la plaine, mais leur marche, lente d'abord, s'accéléra bientôt, une partie d'entre elles devant s'embarquer et suivre le maréchal sur la frontière du Maroc.

CHAPITRE XXV

La division de Tlemcen — Bedeau — Cavaignac. — Le 2ᵉ bataillon de zouaves — ses commandants — ses officiers.

On se battait sur la frontière ouest, pendant que nous soumettions la Grande Kabylie ; le général de Lamoricière avait déjà infligé deux rudes échecs aux Marocains, lorsque le maréchal Bugeaud, accouru du Djurjurah, termina cette campagne par le coup de foudre d'Isly. Les faits sont connus ; les hommes le sont beaucoup moins, et c'est d'eux principalement que je m'occupe. Laissant donc de côté — pour le moment du moins — les opérations de guerre, voyons ce qu'étaient les hommes qui les ont accomplies.

La division de Tlemcen se composait, en 1844, du 2ᵉ bataillon de zouaves, commandant d'Autemare-d'Hervillé — du 8ᵉ bataillon de chasseurs à pied, commandant Froment-Coste — du 10ᵉ bataillon de la même arme, commandant d'Exéa — du 15ᵉ léger, colonel Chadeysson — du 41ᵉ de ligne, colonel Mac Mahon — du 2ᵉ chasseurs d'Afrique, colonel Morris.

Son général était M. de Lamoricière, ayant son quartier à Oran, et elle avait pour chef immédiat le général de brigade Bedeau, résidant à Tlemcen.

Bedeau n'était pas aimé de sa division; on lui reprochait d'être égoïste et, conséquemment, dur pour ses troupes; on l'accusait de manquer de loyauté dans ses rapports officiels sur la situation politique de sa région. Le fait est qu'il représentait toujours le pays comme pacifié et les tribus comme payant l'impôt, tandis que nous recevions des coups de fusil aux portes de Tlemcen, et qu'il reversait au trésor, à titre de contribution arabe, les sommes qu'il en recevait comme fonds secrets. Aussi, nous n'étions jamais éclairés sur rien, faute d'espions, et nous ne connaissions plus que de nom les gratifications de vin, de café ou d'eau-de-vie, que les généraux soucieux de leurs soldats leur distribuent après des travaux extraordinaires ou dans le mauvais temps. L'escobarderie relative à la prétendue soumission du pays était si patente, que le général Cavaignac, succédant au général Bedeau, se crut obligé de la signaler au gouverneur.

Un fait seul, entre cent, donnera l'idée de ce qu'était sa dureté.

Dans une marche à travers les rochers des Beni-Durag, le mulet de mon capitaine, M. de Saint-Pol, tomba dans un précipice et se tua. Tente et cantines gisaient à côté de la bête morte; le cas était grave; on allait vite, et nos zouaves n'avaient que le temps de remonter ces épaves sur le sentier que nous suivions. M. de Saint-Pol courut exposer au général le désarroi dans lequel nous mettait cet accident et lui demander un mulet du train pour sauver nos bagages. M. Bedeau refusa net, et, à cette observation du capitaine : « — Mais, mon général, que ferons-nous de notre campement? » il répondit sèchement, en tournant bride : « — Emportez-le sur votre dos. » — Heureusement pour nous que notre camarade Bazaine — qui depuis... mais alors... — nous donna un mulet du convoi arabe dont il avait la direction en sa qualité de chef des affaires indigènes. Sans lui, nous eussions dû continuer la campagne comme de petits saints Jean, et ajouter une somme de trois ou quatre cents francs chacun à celle des pertes qui constituaient irrémédiablement le budget annuel des officiers de l'armée d'Afrique.

*
* *

Enfin, M. Bedeau ayant été nommé général de division après la bataille d'Isly, notre colonel Cavaignac, promu général de brigade, vint le remplacer dans le commandement de Tlemcen. Quel contraste entre les deux! mais aussi quelle différence dans les sentiments de la division pour l'un et pour l'autre! Cavaignac était aussi aimé que Bedeau l'était peu; mais Cavaignac était bon, loyal, large, généreux, toujours soucieux des besoins des soldats, donnant de sa bourse, lorsque les règlements l'empêchaient de prendre dans celle de l'État.

Un seul trait le dépeindra, comme un seul trait a fait connaître Bedeau : lorsque Cavaignac quitta subitement Tlemcen pour Alger (à la révolution de 1848), il dut emprunter l'argent nécessaire au règlement de ses affaires privées et à son voyage.

*
* *

M. d'Autemare-d'Hervillé est le premier des chefs de bataillon que j'ai connus au 2ᵉ bataillon de zouaves où j'ai passé mon temps de lieutenant. Il avait été promu étant capitaine au corps. Son commandement était très-paternel, et il aimait l'Afrique non moins pour l'honneur qu'on y acquérait que pour la liberté d'allures qu'elle autorisait. Une de ses passions était la chasse, où il excellait et à laquelle il pouvait s'adonner chaque jour, dans ces contrées où le gibier pullulait, n'ayant jamais été traqué.

Après la bataille d'Isly, le commandant d'Autemare fut laissé en observation sur la frontière du Maroc avec une petite colonne de deux bataillons, deux escadrons et une section d'artillerie. Que faire, dans cette oisiveté? Chasser, et Dieu sait si l'on abattait du gibier : lièvres, cailles, perdreaux et sangliers! C'était au point que toutes les compagnies en avaient dans leurs marmites.

Nous chassions toujours en compagnie et suivis de quelques hommes portant nos carniers et leur fusil en bandoulière. Comme il fallait se méfier sans cesse des maraudeurs, on était convenu d'un signal auquel on se groupait près du commandant. Cette tactique nous préserva de plus d'un danger.

Une fois, entre autres, nous vîmes venir à nous, le fusil haut, une troupe d'une trentaine de cavaliers. Nous étions cinq officiers et cinq zouaves. Groupés immédiatement et une cartouche glissée dans nos fusils, nous les attendîmes; et quand ils furent à portée de la voix, le commandant leur cria de rebrousser chemin ou bien de passer à droite ou à gauche, hors de portée. Les Arabes s'arrêtèrent, parurent se concerter, puis reprirent leur marche sur nous, toujours dans une attitude hostile. Le commandant n'hésita pas : il épaula son fusil; un coup partit, et nous vîmes un des cavaliers chanceler et tomber de son cheval. Ses compagnons le relevèrent et, tournant bride aussitôt, disparurent à nos yeux. Ils se gardèrent de porter plainte, comme nous de nous vanter de cet exploit.

Excellent homme en toutes choses, M. d'Autemare était féroce à l'endroit de ses chiens. C'étaient de belles bêtes, admirablement dressées, qu'il avait amenées de son pays (de l'Artois, si je ne me trompe). Il en était si jaloux qu'il ne voulait même pas les laisser reproduire. Ses meilleurs amis n'ont jamais pu obtenir qu'il les laissât s'accoupler avec leurs chiennes. Nous aurons, du reste, l'occasion d'en parler encore. Constatons seulement que le commandant d'Autemare est arrivé, par de longs et beaux services, au sommet de la hiérarchie militaire, et que sa vieillesse s'écoule paisiblement au milieu du respect universel.

*
* *

Le successeur de M. d'Autemare fut le commandant de Lorencez, qui fit chez nous un très-court séjour, n'y laissant que la réputation d'un bon officier supérieur.

Puis vint le commandant Tarbouriech, mort colonel du 3ᵉ zouaves, à la bataille de l'Alma.

A Tarbouriech succéda le commandant Péragay. Ici, nous sommes en présence d'un des types les mieux réussis des soldats d'*antan,* et nous devons nous y arrêter quelques instants.

Péragay était sous-officier au bataillon de grenadiers de la garde qui accompagna Napoléon à l'île d'Elbe. Il en revint avec lui, assista à la bataille de Waterloo, et fut congédié au licenciement de l'armée de la Loire. Il demanda du service à la révolution de 1830, fut nommé sous-lieutenant au régiment de la Charte — depuis 66° de ligne — et vint en Afrique avec ce corps de nouvelle formation.

En janvier 1836, il fit partie du bataillon de volontaires laissé par le maréchal Clausel au Méchouar de Tlemcen, sous les ordres du capitaine Cavaignac; et lorsque, dix-huit mois après, le général Bugeaud retira cette garnison pour la disperser dans les régiments, Péragay passa aux zouaves, où il devint successivement lieutenant, capitaine, adjudant-major et enfin commandant.

Quel singulier adjudant-major ! Je le vois encore, grand et sec, la tête blanche, le teint coloré, parcourant le bivouac dans tous les sens à la recherche d'un officier dont le nom lui revint pour le commander soit de garde, soit de distribution, soit de fourrage ou de bois. Il ne savait pas correctement le nom de quatre officiers, et comme il n'avait jamais eu de contrôle, il ne connaissait aucun tour de service. Malheur alors à l'officier dont il se souvenait !

Il n'y avait plus que lui pour toutes les corvées. Lorsque la victime lui observait que ce ne pouvait pas être toujours à lui de marcher, il lui faisait invariablement cette réponse : « Tour de Médéah!... tour de Médéah ! » Et notez que Médéah datait de cinq ans.

Un jour, étant à la recherche de quelqu'un à commander, il aperçoit un lieutenant, et le voilà courant après lui : « Monsieur Coquet! monsieur Coquet!... » L'autre, qui sentait ce qui allait lui arriver, n'avait garde de s'arrêter, encore moins de se retourner. Enfin, son persécuteur lui mit la main sur l'épaule : « Mais arrêtez-vous donc, quand je vous appelle « M. Coquet; vous ne m'entendez donc pas? — « Pardon, mon capitaine, c'est que je ne m'appelle « pas Coquet, mais Leguay. — Oh! Coquet, Leguay, « même chose, même chose. » Car il est bon d'ajouter qu'il avait un langage à lui, quelque chose qui tenait plus du *sabir* que du français, un langage primitif et d'un laconisme télégraphique.

Inutile d'ajouter qu'il ne savait pas un mot des règlements, pas plus de manœuvres que de service, mais brave comme son sabre et têtu comme un mulet. Il était debout toute la nuit, parcourant le bivouac, dépassant le front de bandière, cherchant les embuscades, au risque de se faire décocher quelque coup de fusil. Il se rattrapait le jour en dormant sur son cheval. Signe caractéristique, il portait toujours la *chachia* (la calotte) des zouaves, à l'instar de Lamoricière, de Cavaignac et de quelques anciens officiers.

Cavaignac avait en grande affection ce type de la vieille garde auquel, du reste, nous pardonnions tous les excentricités à cause de son bon et brave cœur. Ce fut Cavaignac qui le fit nommer chef de bataillon, mais en ayant soin de lui donner un tuteur dans la personne de notre lieutenant-colonel M. Bouat, mort général de brigade au début de la campagne d'Italie.

Un jour, cette tutelle lui manqua; le lieutenant-colonel était absent, et Péragay fut tué.

Nous étions en pleines montagnes des Traras, au lendemain du désastre du marabout de Sidi-Brahim (septembre 1845). Le bivouac était établi dans une sorte de cuvette dont notre bataillon occupait les bords. Les Kabyles, enorgueillis par le succès d'Abd-el-Kader, excités par la présence de l'émir, montraient une audace inouïe, attaquant bravement nos embuscades, tuant nos hommes, venant même jusqu'à les saisir corps à corps. Le commandant, placé dans une cahute en pierres avec quelques hommes, nous avait défendu de quitter nos postes et même de tirer.

La situation devenait très-grave, le danger

extrême, la position intenable; les zouaves se mutinaient; les officiers suppliaient le commandant de les laisser charger les Arabes; le vieil entêté s'y refusait obstinément.

Enfin la fusillade devint si intense de la part des Arabes, que le général, montant à cheval, galopa aux avant-postes et, voyant ce qui se passait, fit sonner la charge. A ce bienheureux signal le bataillon répondit par un cri de joie et, s'élançant à la baïonnette, culbuta, en un instant, la masse insolente de ses assaillants.

Péragay, entendant la charge et le cri de : En avant! entre en fureur et demande qui a donné cet ordre. — « C'est le général », lui est-il répondu. — « Le général?... Eh bien! en avant! » Et, mettant le sabre à la main, il sort de la baraque suivi de ses quelques soldats. Au même instant, il tombe frappé de quatre balles en pleine poitrine; un sergent-major et trois soldats sont tués avec lui.

Ses restes furent ensevelis au milieu du bivouac, et l'on fit un grand feu sur sa fosse. Son cœur, porté à Tlemcen, fut placé sous un petit monument élevé par la pieuse camaraderie du général. Cette inhumation au cimetière de Tlemcen donna lieu à une solennité religieuse et militaire. Toutes les troupes étaient sous les armes, et le général, dans une allocution émue, rappela les beaux services du commandant Péragay, en nous donnant sa mort pour modèle.

Je me souviens que nous chuchotions entre nous : « Mourir à l'ennemi comme lui, fort bien, mais pas « si sottement. »

Si à ces noms glorieux, appartenant exclusivement au 2ᵉ bataillon de zouaves, j'ajoute ceux des chefs de bataillon que j'ai eus ailleurs, comme Leblanc de Sérigny, tué sur la brèche de Constantine ; Fremy, mort à Bône ; Morand, tué à la prise de Laghouat ; de Lavarande, tué à Sébastopol ; Espinasse, tué à Magenta, je trouve que sur dix de mes anciens commandants, huit sont morts à la guerre. Ce chiffre dit hautement combien peu ces hommes de cœur se ménageaient dans les combats.

CHAPITRE XXVI

Le commandant T... — Les capitaines. — Le cheval de Malafosse.
— Les ruses de Safrané.

Nos soldats étaient tellement habitués à la bravoure chevaleresque de leurs chefs, qu'ils ne les comprenaient qu'à leur tête. Tout officier qui ne se tenait pas constamment en avant de sa troupe perdait immédiatement de son prestige et de son influence. M. T..., venu aux zouaves comme chef de bataillon, en sortant d'un régiment de France où il était adjudant-major, en fit la triste expérience.

C'était, à n'en pas douter, un officier supérieur brave, capable, instruit comme les autres, mais peu ou point au courant des pratiques en usage aux zouaves. Chargé, dans une affaire assez chaude, d'enlever une position fortement occupée par l'ennemi, il forma son bataillon en colonne par pelotons et le lança à l'escalade. Malheureusement, au lieu de se tenir en tête de sa colonne, il se plaça sur son flanc, marchant à hauteur du centre. La position fut crânement enlevée ; mais, de ce moment, le commandant T... devenait impossible. Les quolibets pleuvaient sur lui en marche, aux haltes, au bivouac, à ses oreilles. Les soldats devançaient à son sujet ce qui se produisit plus tard à Sébastopol pour un général; ils se hélaient de la droite à la gauche du bataillon : « L'as-tu vu? criait l'un. — Pas vu du tout », répondait l'autre. Les officiers étaient impuissants à réprimer ce scandale, et le commandant sentit si bien la fausseté de sa position, qu'il demanda et obtint son changement de corps.

*
* *

Du reste, nos officiers supérieurs étaient si admirablement secondés par leurs sous-ordres, que tout leur devenait d'une extrême facilité. Il me suffira de citer quelques-uns de nos capitaines de Tlemcen, pour faire apprécier la puissance du concours que devaient en recevoir les commandants. Mais, avant d'évoquer leur souvenir, si cher à mon cœur, je dois indiquer une des qualités maîtresses de ces troupes *d'antan*, une vertu à laquelle elles devaient une grande partie de leurs succès : la camaraderie qui liait entre eux tous les membres de ce corps d'élite, camaraderie si forte qu'elle s'appelait solidarité. Le mot « Un pour tous... tous pour un », était une vérité, il résumait cette solidarité, comme celui du sergent Rafin : « Il

« n'y a qu'un Dieu, qu'un soleil et qu'un régiment de « zouaves », exprimait l'orgueilleux esprit de corps.

Les rapports entre officiers de tout grade étaient constamment affectueux, ceux avec la troupe pleins de confiance et de bienveillance. La subordination, toujours sévère malgré quelque laisser-aller dans la discipline, était rendue naturelle par un contact continuel et une communauté absolue de fatigues, de dangers et de privations. « Il n'y a pas de grand « homme — a-t-on dit — pour un valet de chambre »; il n'y a pas de faux braves, dirai-je à mon tour, pour les soldats. On se voit à l'œuvre, on a constamment besoin les uns des autres, et la morgue tombe devant la nécessité de s'entr'aider. La familiarité était grande sans que l'autorité fût amoindrie, et cela non-seulement entre les grades, mais encore entre les diverses armes. L'état-major, le génie, l'artillerie, la cavalerie perdaient vite leurs airs suffisants envers l'infanterie, parce qu'ils ne tardaient pas à voir qu'ils avaient plus besoin d'elle qu'elle n'avait besoin d'eux. Les allures aristocratiques du salon n'étaient pas de mise au bivouac.

*
* *

Laissez-moi écrire quelques-uns de ces noms qui viennent à ma plume, comme se pressent dans mon cœur les traits de ceux qui les portaient, tous mes capitaines, et mes camarades du bataillon de Tlemcen : de Saint-Pol, de Maleville, Malafosse-Ducaufour, Safrané, Lecouteux, Dubosc, Franchesqueti, Laurent, Minard, de Reinach, Bessières, Husson, etc., tous tombés au champ d'honneur, ou mort des suites de la guerre !

Malgré des divergences appréciables de naissance, d'éducation, de caractère, de tempérament, quelle unité de sentiments, quelle union de cœurs, quelle fraternité de relations !

De Saint-Pol, c'était le soldat-gentilhomme, chevaleresque dans ses pensées, ses paroles et ses actions. Sa mort fut celle d'un héros, comme sa vie avait été celle d'un brave, et digne du grand nom qu'il portait avec tant de dignité. Le jour de la prise de Sébastopol, étant général de brigade, il voulait ramener pour la troisième fois ses bataillons à l'attaque des *ouvrages verts* d'où ils avaient été repoussés. Ses soldats, déjà rudement éprouvés, hésitaient. Alors de Saint-Pol, s'élevant de sa grande taille au-dessus des retranchements, se croisa les bras sur la poitrine, face à l'ennemi, et tomba criblé de balles russes..... il avait voulu mourir !

* * *

De Maleville, sérieux, austère, dans sa voix profonde, son geste réservé, cachait un cœur chaud et généreux sous des dehors froids jusqu'à la sévérité. C'est qu'il portait en lui le germe de la terrible maladie de foie qu'il avait contractée sur le sol africain, et dont l'air de la patrie ne devait pas conjurer les suites funestes. Je crois l'entendre encore lorsque, le soir au bivouac où nous étions un instant réunis, tantôt causant, tantôt silencieux et l'esprit tourné vers la France, il arrêtait la faconde intarissable de notre ami Malafosse par ces mots prononcés d'un ton sépulcral : « Dire que j'ai quitté Paris pour fuir le « bruit, et je tombe sur Malafosse! » Le narrateur s'arrêtait sous cette douche d'eau glacée, tandis que nous partions tous d'un interminable éclat de rire.

* * *

Malafosse – Ducaufour, gentilhomme auvergnat comme il se qualifiait lui-même, était véritablement de bonne maison, bien qu'il justifiât son origine beaucoup moins par ses allures que par ses qualités de cœur et d'esprit. Il fallait le bien connaître pour l'apprécier à sa valeur, tandis qu'à sa tournure, tant à pied qu'à cheval, on le prenait tout d'abord pour un gros paysan. Ses histoires avec ses chevaux faisaient l'amusement non-seulement du bataillon, mais de la division tout entière, où notre excellent camarade ne comptait que des amis.

Le dernier cheval que j'ai connu à Malafosse avait nom Ludovic, et était devenu légendaire. Ludovic avait les apparences d'un bon et honnête cheval d'officier d'infanterie, mais, au fond, c'était un malin. Ayant compris dès le premier jour qu'il avait affaire à un très-mauvais cavalier, il résolut de n'en faire qu'à sa tête et de se refuser à ce qui ne lui plairait pas. Si, dans nos marches, il lui prenait fantaisie de ne pas passer ici ou là, il s'arrêtait. Alors Malafosse lui faisait un discours : « Eh bien ! « Ludovic, tu ne veux pas suivre ce chemin? Mais, « mon ami, tes camarades y sont bien passés. Allons, « voyons, fais comme eux; décide-toi. » Ludovic ne bougeait pas; et si son cavalier le chatouillait avec ses éperons inoffensifs, il levait un peu son arrière-train. C'en était assez : Malafosse renonçait à la lutte, et quand tout le bataillon avait filé, chaque zouave lançant son éclat de rire et son quolibet, Ludovic prenait à droite ou à gauche et rejoignait la queue de la colonne.

Un jour, — c'était au petit camp d'observation commandé par M. d'Autemare, — des hommes, revenant du bois ou du fourrage, accourent signaler au commandant une bande de sangliers. Aussitôt retentit ce cri de joie : « A cheval, messieurs ! aux sangliers ! » et tous les officiers, chasseurs, de faire seller qui son cheval de selle, qui son cheval de bât, et, le fusil en bandoulière, de galoper à la suite du commandant.

Quoique aussi piètre chasseur que mauvais cavalier, Malafosse n'avait pas été des derniers à enfourcher Ludovic; mais Ludovic ne voulait pas démarrer de son piquet, opposant le plus rigide entêtement aux excitations que lui prodiguait son maître, du geste et de la voix. C'était une lutte d'obstination pendant laquelle tout le bataillon se tordait de rire, en criant : « Il partira ! Il ne partira pas ! » Enfin, l'ordonnance de Malafosse, qui assistait, impassible et le sourire aux lèvres, à cette scène, s'approcha des deux lutteurs pour y mettre un terme. « Attendez, mon capitaine, dit-il à son chef, je vais le faire partir. » Et détachant le mulet, compagnon de chaîne du cheval, il sauta dessus et prit au trot le chemin qu'avaient suivi les cavaliers. Ludovic se mit aussitôt en route sur les traces de son ami.

Malafosse ne rejoignit naturellement pas la chasse. Ne retrouvant pas la direction de ses camarades, il rentra au camp, où, deux heures après, trois sangliers morts étaient rapportés et distribués entre les compagnies.

C'est bien puéril, bien vulgaire, dira peut-être quelqu'un ; mais ceux de mes lecteurs qui ont fait campagne et mené la triste vie du bivouac dans des contrées désertes comme les vastes plaines de l'Algérie, comprendront que ces incidents enfantins ou burlesques rompissent la monotonie de notre existence et défrayassent, vingt-quatre heures au moins, nos conversations.

Mais si le bataillon s'amusait du cavalier ou chasseur maladroit, il admirait le capitaine, sa constance dans les jours difficiles, son énergie, son intelligence de la guerre et sa bravoure au feu ; il l'aurait suivi aveuglément partout. Notre excellent ami fut tué chef de bataillon à Sébastopol.

*
* *

Lecouteux était l'antagoniste constant de Malafosse ; et, ici, ce mot doit se prendre dans le sens de contradicteur amical. Rien de plus divertissant que les discussions sans fin et à propos de tout de ces deux bons camarades, s'estimant et controversant pour le plaisir de se contredire et de nous distraire des ennuis de la route ou du bivouac.

Lecouteux était étudiant à Paris, lorsque éclata la révolution de 1830, à laquelle il prit une part active. Nommé sous-lieutenant à titre de récompense nationale, il entra dans un régiment de ligne où, par son intelligence et l'opiniâtreté de son travail, il se fit classer au nombre des meilleurs officiers. Venu aux zouaves, comme capitaine, à la formation de 1842, il se maintint toujours à un bon rang parmi ses nouveaux camarades d'une origine tout autre que la sienne. Dans ses amusantes discussions avec Malafosse, il opposait la légèreté parisienne à la gravité auvergnate, et les rieurs étaient le plus souvent de son côté.

Il fut tué à la prise de Nara, qui suivit celle de Zaatcha.

*
* *

Que dirai-je de mon ami Dubosc, l'homme le mieux doué que j'aie jamais connu, réunissant à un cœur excellent un esprit distingué, à toutes les aptitudes du corps les ressources d'une intelligence d'artiste? Sa réputation, née en Afrique, grandit en Crimée; son rôle à la bataille de Traktir le mit au premier plan; et s'il n'a pas eu le sort de tant de ses camarades morts sur le champ de bataille, il a succombé, étant général, sous la maladie, suite des travaux de guerre auxquels il avait pris une part active et incessante depuis 1842.

*
* *

Franchesqueti n'est pas mort, lui non plus, au champ d'honneur, mais une grave blessure, reçue en 1840 à Cherchell, le força de quitter le régiment, lorsqu'il allait recevoir la récompense de ses beaux services. Il abandonna l'épée pour la charrue, et j'ai appris que, sorti de l'armée, il s'était adonné à l'agriculture dans son pays, la Corse, à laquelle il avait toujours été très-attaché.

Puisque j'ai parlé de Ludovic, le cheval de Malafosse, il m'est permis de mentionner Ismaël, le cheval de Franchesqueti. Le contraste était aussi grand entre les deux chevaux qu'entre les deux cavaliers. Ismaël était la plus belle bête non-seulement de l'armée, mais de tout l'ouest de l'Algérie; si belle, que lorsque Horace Vernet vint à Tlemcen pour visiter le champ de bataille d'Isly, en vue de son splendide tableau, il la demanda à Franchesqueti pour le temps que durerait son excursion chez les Marocains. Le capitaine lui prêta Ismaël de la meilleure grâce du monde, et, à son retour, le grand peintre lui donna un portrait de ce magnifique animal.

*
* *

Quoique d'un niveau parfait en tout ce qui touchait au service, nos officiers avaient leur cachet particulier, leur originalité personnelle, comme on a pu s'en convaincre déjà. A ce titre, je ne saurais passer sous silence mon camarade Safrané, un Béarnais pur sang, brave et fin comme le *Henric* de son pays. Il avait toujours quelque ruse de guerre ou quelque malice de gai compagnon dans son sac.

Au plus fort de l'insurrection de 1845, au lendemain du désastre de la petite colonne de Montagnac à Sidi-Brahim, il était enfermé dans la redoute de Aïn-Témouchent, qu'il était chargé de garder avec sa compagnie réduite à une cinquantaine d'hommes par les fièvres, et approvisionnée des seules cartouches de la giberne. Abd-el-Kader, fier de ses succès éphémères, tournait autour de la redoute à peine ébauchée, cherchant par où il pourrait l'attaquer et l'enlever, tandis que, de son côté, Safrané s'ingéniait pour imposer à l'ennemi et ne trouvait rien de mieux que le stratagème suivant. Réunissant toutes les calottes des zouaves et les chapeaux sans emploi des colons, il les plaça, sur des bâtons, le long de la fortification, de manière qu'ils dépassassent à peine la crête du talus. Prenant ensuite une dizaine de charrues à roues, existant dans le village, il les mit aux angles de la redoute, en y ajoutant une pièce de bois noircie pour simuler le canon. La ruse était enfantine, et il suffisait d'une bonne lunette pour la découvrir; mais soit qu'elle eût trompé Abd-el-Kader, soit que celui-ci eût des motifs personnels de ne pas persister dans ses projets, notre ami eut la satisfaction de voir les Arabes s'éloigner le lendemain.

Du reste, Safrané avait des ressources pour tous les cas, dans son sac béarnais, et en voici une qui ne manque pas d'originalité.

Quoique dans la force de l'âge, il avait perdu les cheveux et les dents dont la nature l'avait gratifié, et remplacé les premiers par une perruque, les secondes par un râtelier mobile savamment agencé. Ces deux merveilles de l'art lui servirent à se débarrasser d'amis trop obséquieux, comme ses charrues l'avaient délivré de ses ennemis trop inquiétants.

En dehors des crises insurrectionnelles, aiguës, nos colonnes étaient toujours accompagnées par des goums de tribus soumises. Nous en connaissions tous les cheiks et les agahs, qui, eux aussi, nous connaissaient plus que nous ne l'aurions voulu. Ils étaient constamment dans notre campement, surtout après notre repas du soir, lorsqu'ils supposaient qu'était venue l'heure de la pipe et du café; puis c'était le diable pour les faire déguerpir. A bout de patience, Safrané trouva un jour le truc que voici : Il avait une demi-douzaine de cheiks sous sa tente; sa boîte à café allait être épuisée; il avait, plusieurs fois, prononcé le bonsoir sacramentel, et personne ne bougeait. Il étend alors sa peau de mouton et sa couverture, et se couche entre les deux. Les Arabes le regardent sans broncher. Safrané ôte sa perruque et apparaît avec sa tête polie comme un œuf d'autruche. Ses hôtes ouvrent de grands yeux, chuchotent entre eux, mais ne s'en vont pas. Ah! ce n'est pas assez?... attendez : Safrané met ses doigts dans sa bouche, dévisse son râtelier et le pose tranquillement sur sa cantine.

Pour le coup, les cheiks n'y tiennent plus : ils se lèvent et sortent de la tente en se bousculant, effrayés du prodige et se demandant ce que pouvait bien être ce capitaine qui se démontait ainsi. Le lendemain, ils passèrent tous sur le flanc du bataillon en marche, cherchant des yeux notre camarade, pour s'assurer qu'il était bien en chair et en os.

Safrané prit sa retraite à Tlemcen et s'adonna à l'agriculture. Il fut le modèle des colons, comme il avait été un officier modèle.

CHAPITRE XXVII

Les officiers des bureaux arabes. — Beauprêtre.

Ainsi, tous les officiers que j'ai nommés, en en restreignant la liste, sont morts à l'ennemi, excepté quatre ou cinq au plus. Ceux dont je vais parler maintenant ont été tués par des traîtres, en accomplissant leur devoir.

Ceux-ci étaient des officiers des bureaux arabes, officiers d'élite, remplissant une mission délicate, qui exigeait autant de bravoure que d'intelligence, acceptant une vie isolée, pleine de privations, entourée de dangers de toute sorte, rendant des services tels qu'on peut dire d'eux qu'ils ont fait, par leur action individuelle, autant que les gros bataillons; officiers remarquables, qu'il est de mode de dénigrer aujourd'hui chez les ignorants et les imbéciles, ou chez les exploiteurs de notre conquête dont ils gênaient les cupides et honteux agissements.

Ces officiers ont été de merveilleux instruments de conquête et de pacification, nos initiateurs aux lois et aux mœurs arabes, nos géographes et nos guides dans les expéditions. Avec le seul livre du général Daumas, *Sahara algérien,* nous avons pu aller aux oasis du sud oranais, en 1847, par une route, et en revenir par une autre, sans une erreur de dix mètres dans notre itinéraire, de cent habitants dans les ksour, de vingt palmiers dans les jardins. Ils ont fait plus et mieux encore : ils ont fait redouter nos armes aux lieux mêmes où elles n'avaient pas paru, et fait aimer partout notre justice, notre désintéressement et notre loyauté. Ces qualités s'imposent d'elles-mêmes aux individus qui en sont déshérités; il n'est donc pas surprenant que les Arabes, quelque enclins qu'ils soient à la fourberie, à la rapine, à la duplicité, aient subi l'ascendant de vertus qui leur sont étrangères et dont ils éprouvaient les bienfaisants effets.

Et cependant, que n'a-t-on pas dit et écrit contre les bureaux arabes militaires! Dernièrement encore, un journal, qui croit remplacer le bon sens par de l'esprit, les qualifiait d' « école de chapardage ». Et quels noms invoquait-il pour justifier cette odieuse accusation? Celui de Doineau, de l'affaire duquel personne n'a jamais su le vrai mot, pas même les juges qui le condamnèrent, et celui de Bazaine, qui, s'il fut mauvais général à Metz, avait été, en Afrique, un des meilleurs officiers des bureaux arabes, avec les

Daumas, les Walsin-d'Hesteratzy, les Chanzy et vingt autres illustrations que nous pourrions citer.

Les bureaux arabes chapardeurs! Ah! je connais leurs méfaits, et je vais les citer. Ils se résument en un seul que voici : lorsqu'ils avaient un cheval à acheter, ils en choisissaient un bon et beau dans une des tribus qu'ils administraient, et ils usaient de leur influence morale sur le propriétaire pour l'obtenir à cent ou deux cents francs au-dessous du prix qu'en voulait le vendeur. Voilà leurs abus de pouvoir, leurs exactions. J'ai vu pendant trente ans fonctionner les bureaux arabes; j'en ai particulièrement connu grand nombre d'officiers, je mets au défi leurs détracteurs intéressés d'en citer un seul qui s'y soit enrichi, d'en désigner deux qui y aient obtenu des concessions.

Peut-on en dire autant des employés civils qui, sur la plus grande partie de la colonie, ont remplacé les officiers?... Je ne vais pas plus loin, car je suis un défenseur et non pas un accusateur. Je n'ajouterai qu'un mot — argument sans réplique : — les Arabes regrettent les bureaux arabes militaires, partout où on leur a substitué l'élément civil.

*
* *

« Voulez-vous que je vous dise quel régiment a

« le plus fait dans une bataille, dites-moi quel est
« celui qui a perdu le plus de monde. »

Je pars donc de cette parole, attribuée à Napoléon, pour en conclure que les officiers des bureaux arabes ont droit à une part de gloire égale à celle de leurs camarades des régiments, car, proportion gardée, ils ont eu autant des leurs tués à l'ennemi que nous en comptions nous-mêmes, avec cette circonstance douloureuse que les leurs ont, presque tous, succombé sous la trahison, assassinés leur sabre au fourreau. C'était, du reste, par des assassinats qu'Abd-el-Kader préludait à ses prises d'armes.

Avant qu'éclatât l'insurrection de 1845, un officier d'artillerie, chargé des affaires arabes à Tenez, et dont je regrette de ne pas me rappeler le nom, est conduit dans un guet-apens et assassiné par ses administrés.

Au même moment, M. Mathieu de Dombasle, lieutenant de notre bataillon, détaché à Sebdou, est prié de se rendre à un douar voisin de son poste pour y régler un différend survenu entre Arabes. Il s'avance tranquillement vers le lieu du rendez-vous, en compagnie du commandant Billot du 41°, d'un lieutenant de ce régiment et d'un soldat d'ordonnance. Un groupe de cavaliers se porte au-devant de lui, comme pour lui faire honneur, et, abattant ses fusils, l'étend roide mort, ainsi que le commandant et le lieutenant. L'ordonnance seule n'est pas atteinte et peut regagner le poste de Sebdou.

Déjà, trois ans auparavant, dans la province de Constantine, nous avions été témoins de la mort d'un autre officier des affaires arabes, tué dans des circonstances aussi odieuses, sinon aussi criminelles.

Cet officier, charmant jeune homme — frère de madame de Girardin (Delphine Gay) — s'était porté au-devant des Ouled-Dan révoltés et contre lesquels nous marchions nous-mêmes sous les ordres du général Randon. Ayant rencontré l'ennemi, il n'hésita pas à le charger à la tête de son goum, oubliant que, dans la troupe qu'il commandait, il n'y avait que lui de Français. En effet, ses cavaliers le suivirent d'abord ; mais ils ralentirent peu à peu leur allure et s'arrêtèrent même aux premières balles ennemies qui sifflèrent sur leurs têtes.

M. Gay poussait sa charge sans regarder en arrière, lorsque son cheval tomba mort, frappé de plusieurs coups de feu, et il se trouva tellement pris sous le corps de l'animal, qu'il ne put pas se dégager. Certes, dans cette circonstance, des cavaliers français, n'eussent-ils été que quatre, se seraient jetés au secours de leur lieutenant, et se seraient fait tuer en le couvrant de leur corps ; mais le goum tourna bride tout à fait, et les ennemis, se précipitant sur notre infortuné camarade, le tuèrent à coups de pierres.

* * *

J'en passe, et des non moins braves, des non moins dévoués, pour m'arrêter au plus remarquable des officiers qui ont honoré les bureaux arabes, à celui dont la fin tragique a été le plus justement déplorée, à Beauprêtre enfin, dont les Arabes ne prononcent le nom qu'avec une respectueuse terreur. Les chefs indigènes surtout, ces déprédateurs insignes de leurs tribus, croient voir encore cette tête de lion, posée sur de robustes épaules, et cette large poitrine, pleine d'un sang chaud et généreux. De ses yeux enfoncés sous une forte arcade sourcilière jaillissaient des éclairs qui allaient jusqu'au fond de la conscience des prévaricateurs et relevaient le courage des opprimés; nul coupable ne pouvait le soutenir; chose inouïe! les Arabes ne savaient plus mentir devant lui.

Beauprêtre était fils d'un colon, petit, mais sérieux, joignant à la culture de sa concession l'exploitation d'un moulin de très-peu d'importance. Il avait grandi avec les enfants arabes au milieu desquels il vivait, et si son instruction première avait été négligée, son intelligence et sa finesse naturelles s'étaient merveilleusement développées, en même temps que la vigueur de ses muscles et son aptitude à tous les exercices du corps.

Dès qu'il fut de taille à porter un fusil, Beauprêtre s'engagea aux zouaves, et c'est là qu'il reçut les éléments d'une instruction, incomplète il est vrai, mais suffisante pour le rôle que la Providence lui destinait. Il s'attacha particulièrement à la langue arabe. Il la parlait déjà comme un enfant de douar; il l'étudia de manière à l'écrire comme un *taleb*. Il ne s'en tint pas au langage et à l'écriture des savants; il acquit la connaissance des nombreux dialectes qui se parlent dans toute l'Algérie, sous la grande tente des nomades du sud ou dans les villages de la Grande Kabylie. C'est quand il se fut muni de ces précieuses connaissances, qu'il commença ce que j'appellerai sa mission.

Comme caporal et sergent, il ne parut presque pas au régiment; déjà son courage, son habileté, la sûreté de son jugement étaient appréciés et employés par ses chefs à des opérations délicates. Nommé sous-lieutenant, il entra pleinement dans la carrière où il devait se signaler.

Mes lecteurs ont vu qu'avant d'entreprendre l'expédition de la Grande Kabylie, le maréchal Bugeaud s'était fait exactement renseigner par ses émissaires sur la topographie de ces montagnes, la force et les mœurs de leurs populations. Beauprêtre fut le principal de ces explorateurs d'un pays inconnu, fermé aux Arabes de la plaine, et dont la puissante fédération était constamment tenue en éveil par la méfiance et la crainte de quelque danger.

Ce que fit alors Beauprêtre paraît à peine croyable, même à ceux qui en ont été témoins. Il alla seul, déguisé en Kabyle, s'établir au pied du Djurjurah; il s'y construisit une baraque, s'approvisionna de quelques animaux domestiques, piocha, bécha, ensemença quelques ares de terrain et mena la vie du plus misérable des Arabes voisins.

Nous avions alors un petit camp d'observation à Bordj-Menaïel, et les Arabes venaient nous y apporter quelques menues denrées. Un jour, un Kabyle, couvert de haillons et du tablier de cuir national, allait de tente en tente offrir des figues sèches, des œufs et deux poulets étiques. Repoussé, rabroué par les soldats, il arrive à une tente d'officiers au moment où ils étaient à leur dîner. Il lève la toile et offre sa marchandise, en mauvais sabir. Jugez de l'accueil : on l'injurie, on l'insulte, on le chasse en le menaçant du *matraque*. Le Kabyle se retire, et l'on eût pu voir un sourire de satisfaction éclairer sa figure huileuse, sale à dégoûter..... C'était Beauprêtre; il était ravi, enchanté; ses meilleurs camarades ne l'avaient pas reconnu.

C'est ainsi qu'il parcourut la Grande et la Petite Kabylie dans tous les sens, assistant à tous les marchés, étudiant tous les chemins, recueillant tous les renseignements et les classant dans sa prodigieuse mémoire. Un beau jour, il disparaissait de sa baraque pendant vingt-quatre ou quarante-huit heures; Beauprêtre était à Alger, où, enfermé dans une chambre d'hôtel, il rédigeait pour le maréchal les documents précis et précieux méthodiquement rangés dans sa vaste tête.

Si, comme diplomate, Beauprêtre était un des premiers officiers des bureaux arabes, il n'occupait pas une place moins distinguée parmi les plus braves, soit qu'il eût à agir individuellement, soit qu'il combattît à la tête de ses goums. Deux exemples, pris dans l'un et l'autre cas, le prouveront.

Lorsque nous fondions Aumale, en 1848, le pays, tout autour, était désolé par une bande organisée de voleurs qui n'hésitaient pas à aller jusqu'à l'assassinat. On fut longtemps à savoir quels étaient ces malfaiteurs; mais Beauprêtre, étant arrivé comme chef du bureau arabe de la région, découvrit que la bande avait comme chef le caïd d'une tribu soumise, voisine de notre nouveau poste, et pour membres principaux sept chenapans de cette même tribu, frères ou fils du caïd. Il fallait donc supprimer d'abord la tête de l'association criminelle, si l'on voulait avoir ensuite facilement raison des membres.

J'étais, en ce moment, détaché avec ma compagnie à quatre kilomètres d'Aumale, pour la protection du génie travaillant à une route. Un soir, entre onze heures et minuit, je fus tiré de mon léger sommeil par le Qui vive? d'une sentinelle, auquel succéda le bruit des pas de chevaux et des *chabirs* sur les larges étriers arabes. Je sortis de ma tente; un cavalier, couvert d'un burnous brun, était devant moi : c'était Beauprêtre.

— Où diable allez-vous ainsi à cette heure?

— Je vais arrêter le caïd des...

— Seul?

— Non, avec huit de mes kialas.

— Tout ça! pour arrêter ce gredin au milieu de sa famille, de sa tribu! Mais vous êtes fou... Vous allez me revenir comme saint Denis, votre tête à la main.

— Il n'y a pas de danger.

— Comment, il n'y a pas de danger!... Voyons, je ne puis pas sans un ordre du général vous accompagner dans votre entreprise; mais dans une heure d'ici, j'enverrai une section sur votre route, sous prétexte d'une reconnaissance, pour vous recueillir si vous êtes pourchassé, comme ce n'est que trop probable.

— Merci : c'est inutile; ne dérangez personne; tenez-moi seulement du café prêt pour mon retour..., à bientôt.

Je ne dormis plus naturellement; et, passant par

toutes les tentes, en commençant par celles de mes officiers et du lieutenant du génie, je recommandai de ne fermer les yeux qu'à demi et de se tenir prêt à sauter aux fusils au premier cri d'alarme. Je fis lever un clairon que je gardai près de moi.

L'attente fut longue et pleine d'angoisses; je consultais à chaque instant les étoiles et ma montre.

Enfin, le jour allait poindre, lorsque le Qui vive? se fit entendre à l'autre bout du camp. Cette fois, ce fut moi qui courus reconnaître la troupe : c'était Beauprêtre, suivi de ses huit kialas, au milieu desquels le caïd solidement attaché sur un mulet.

— Et mon café? me dit joyeusement mon excellent camarade. Il était prêt, son café; les cuisiniers, déjà levés, en avaient fait pour nous deux et pour ses cavaliers. Je crois même qu'on en donna au bandit.

Beauprêtre me raconta son expédition par le menu. Il avait pénétré dans le douar pétrifié de terreur, à la tête de ses hommes; il avait mis pied à terre, et, seul, il était entré dans la tente du caïd où grouillait toute sa smalah, l'en avait fait sortir et attacher sur un mulet, sans que ni lui ni aucun des siens osât lever la main ni dire un mot.

— Vous voyez, mon cher, me dit-il en me serrant la main pour monter à cheval, que je reviens avec ma tête, mais, à la différence avec saint Denis, que je la porte sur mes épaules.

CHAPITRE XXVIII

Suite du précédent — Isly.

Nous venons de voir un des coups de main de Beauprêtre, assistons maintenant à un de ses combats.

Pendant le siége de Zaatcha, il était dans la vallée de l'Oued-Sahel, seul Français, à la tête des goums, indécis et d'une bravoure aussi douteuse que leur fidélité.

Encouragé par la diminution des troupes d'Aumale, un faux Bou-Maza avait surgi dans le Djurjurah, entraînant les populations sur ses pas. Le 30 septembre au soir, trois mille Zouaouas, conduits par Si-Djoudi et le prétendu Bou-Maza, illuminaient du feu de leurs bivouacs les cimes de la montagne, et le faux chérif adressait cette lettre de défi au capitaine Beauprêtre :

« De la part du protecteur de la religion à l'infidèle Beauprêtre, que la malédiction du Très-Haut soit sur lui et sur ceux qui lui sont attachés !

« O ennemi de Dieu et de son prophète! J'ai appris que tu avais l'intention de te rendre toi-même chez les serviteurs des chrétiens pour nous faire la guerre. Je suis prêt et désire me trouver en face de toi et de ton serviteur Ahmed (un de nos caïds), qui est un homme vil. »

Beauprêtre n'avait pas perdu de temps pour donner avis de sa position à Aumale et convoquer tous les gens des tribus soumises de son cercle, et le colonel Canrobert s'était hâté de lui envoyer un renfort de deux cents cavaliers indigènes.

La troupe était nombreuse, mais troublée par d'étranges terreurs. « Nos fusils ne partiront pas contre le chérif — disait-on de toutes parts autour de Beauprêtre — que pourrons-nous faire? » Cependant, le 3 octobre, la masse des Zouaouas descend de la montagne en deux grandes troupes, qui s'avancent, l'une vers le village de Chourfa, l'autre vers la rivière.

Beauprêtre, monté à cheval avec ses goums, appuie vers Chourfa, quelques cavaliers se décident à tirer de loin; les fusils partent, ce qui rassure visiblement nos gens. On commence à faire des plaisanteries sur le chérif. Entraînés par Beauprêtre et les officiers du bureau arabe, on charge avec un certain entrain les Kabyles, vivement talonnés jusqu'à la montagne. Mais là, il faut s'arrêter et reculer sur un terrain plus favorable.

En ce moment, Abdalah, le chérif, s'avança lui-même, le sabre à la main, suivi de quelques cavaliers. Nouvelle terreur de notre goum. Un des plus hardis, Ben-Adouz, vieux cavalier du bureau arabe, galope vers Abdalah :

— Es-tu le chérif? lui crie-t-il.

— Oui, lui répond celui-ci; impie, fils d'impie, tu ne reverras plus les tiens. Ben-Adouz tourne bride, sans songer à faire usage de son fusil. Mais un autre Kiala, plus rassuré que lui parce que son fusil avait fait feu, pousse jusqu'au personnage et le saisit par son haïk. Ben-Adouz se rassure à son tour et lui porte un coup de sabre qui le renverse de cheval; un troisième lui lâche un coup de fusil à bout portant; le charme est rompu; un spahis coupe la tête du chérif.

La déroute des Zouaouas est complète. Le goum, délivré de tout scrupule de conscience, les poursuit fort loin dans la montagne, en tue un grand nombre et fait quelques prisonniers importants. Le lendemain, le rassemblement de Di-Djoudi avait regagné les cimes du Djurjurah, et les Beni-Méli-Keuch étaient venus faire cette fois entière soumission.

*
* *

Hélas! ce brave soldat, qu'avaient respecté les balles fondues par l'ennemi, devait mourir d'une cartouche française confiée à de prétendus amis. Il devait être frappé par derrière, car aucun assassin n'eût osé soutenir son regard; il devait mourir victime de la trahison, lui, la loyauté faite homme. Les chefs de grandes tentes devaient se débarrasser de ce rude justicier qui protégeait les faibles, empêchait les exactions des puissants et leur faisait rendre gorge quand il n'avait pu prévenir leurs voleries.

En 1870, lorsque nos défaites en Europe purent faire croire à l'Algérie que le dernier jour de la France était venu, les chefs que nous avions comblés d'honneurs et gorgés d'argent levèrent l'étendard de la révolte; l'insurrection s'étendit du Maroc à Tunis, principalement dans la province d'Alger. Beauprêtre, alors lieutenant-colonel et commandant du cercle de Lagouaht, marcha avec ses goums contre les insurgés du sud. Les ayant rencontrés, il les chargea avec sa vigueur habituelle, et au moment où, le sabre au poing, il allait les joindre, un coup de feu, tiré de derrière lui, le jeta mort à bas de son cheval. Son cadavre fut abandonné, sa tête coupée et montrée aux tribus. C'était une sanglante proclamation disant aux grands chefs : « Vous « pouvez revenir à vos anciennes traditions de pil- « lage et d'extorsions; nous avons brisé le frein qui « vous retenait, votre juge implacable est mort; c'est « nous qui l'avons tué. »

En effet, il n'y eut pas le moindre doute pour personne parmi les Arabes et les Européens; Beauprêtre avait été assassiné par un grand chef, on nommait même le meurtrier.

Le gouvernement français ne fit rien pour punir ce crime; celui que le doigt du public désignait comme le coupable acquit au contraire un surcroît de richesse et de puissance. Il a fallu que de récents événements (1883) le fissent prendre, comme on dit vulgairement, la main dans le sac aux trahisons, pour que le gouvernement très-civil de l'Algérie se décidât à lui enlever son commandement. Toutefois, pour lui rendre moins pénible cet ostracisme, il lui donna un exil doré.

Je me suis complaisamment étendu sur la vie, trop courte, hélas! de cet homme remarquable, dont j'eus l'honneur d'être le camarade et l'ami; mais je puis résumer la nature des souvenirs qu'il a laissés en Algérie par le seul fait suivant:

Quand un indigène, Arabe ou Kabyle, veut faire un compliment bien senti à un administrateur civil, il lui dit ces simples mots: « Toi kif kif Beauprêtre », Tu es comme Beauprêtre. Et il y a douze ans que Beauprêtre est mort, en laissant pour toute fortune à ses héritiers ses épaulettes, son sabre et sa croix d'officier de la Légion d'honneur. Il avait été vingt ans aux affaires arabes, comme adjoint ou comme chef.

*
* *

Je pourrais ici raconter la campagne du Maroc et la bataille d'Isly qui en fut le plus brillant épisode ; mais l'histoire en a été faite cent fois, et si j'ai donné des détails sur quelques grands combats, c'est uniquement sur ceux qui n'étaient pas assez connus malgré leur importance, et dans lesquels les troupes avaient montré le plus de brillantes qualités. La victoire d'Isly fut le résultat de la savante tactique du maréchal Bugeaud beaucoup plus que celui de l'effort de ses bataillons, qui n'eurent, pour vaincre, qu'à suivre ponctuellement les instructions que leur donna leur chef, la veille même de la bataille. Ce fait constitue la partie la plus intéressante de la campagne à laquelle il sert de prologue, et montre à quel point le maréchal possédait l'art de manier ses troupes, en les initiant à ses desseins. C'est le seul exemple de pareilles communications que nous offre l'histoire des guerres, et c'est à cause de cela que j'en emprunterai le récit à mes *Souvenirs d'un vieux zouave*.

Depuis un mois, le maréchal se tenait sur la frontière du Maroc, à Lalla-Maghnia, les yeux fixés sur le camp marocain, situé à trente kilomètres en face de nous, que grossissaient tous les jours les renforts venant des divers points de l'empire, et dont Sidi-Mohamed, fils d'Abderrahman, avait pris le commandement.

De notre côté, nous recevions les nouvelles troupes envoyées de France; nous fondions un établissement maritime à Djemmah-Gazaouet, ancien nid de forbans perché sur un rocher qui domine la mer; nous le reliions à Lalla-Maghnia par une route de trente kilomètres passant à Nédroma, et nous lui donnions le nom de Nemours. En même temps, le maréchal appelait à lui les généraux Lamoricière et Bedeau dont les colonnes pourchassaient Abd-el-Kader vers le sud; et, le 12 août, l'armée était tout entière réunie sous son commandement.

Rien de plus pittoresque et de mieux entendu que notre camp au milieu d'un bois que traverse un ruisseau venant de la frontière marocaine. Il remplissait toute une vallée fermée de trois côtés par une chaîne de collines garnies d'infanterie, et ouverte sur le pays des Angads, où se trouve Ouchda, la première ville du Maroc. Les ambulances et les magasins étaient établis à Lalla-Maghnia; et sur le piton qui domine ce poste, se trouvait un observatoire d'où, à l'aide d'un puissant télescope, des officiers de l'état-major suivaient les mouvements de l'armée ennemie.

Le chef de cette armée avait écrit au maréchal

qu'il eût à évacuer Lalla-Maghnia, comme première condition de la paix. Le gouverneur lui fit une réponse ferme, positive, concise, comme il savait si bien les faire, et résolut de l'appuyer par les armes.

Pour donner de l'assurance à l'ennemi, il prescrivit qu'on se porterait en avant, en simulant un grand fourrage. Nous devions faire, dans cette marche, quatre lieues vers l'Oued-Isly, de manière à avoir la même distance à parcourir le lendemain pour rencontrer les Marocains.

Le 12 août au soir, l'armée fut prévenue que le lendemain elle prendrait l'offensive. A cette nouvelle, tout prit un air de fête et d'enthousiasme impossible à décrire. Comme pour ajouter à cette manifestation, les officiers des chasseurs d'Afrique et des spahis offrirent un punch à leurs camarades des régiments de cavalerie arrivés de France pour cette campagne. Toutes les bougies qu'on put trouver au camp avaient été réquisitionnées pour la circonstance, et leur lumière, se mêlant à la flamme de cinquante gamelles de punch, donnait aux tentes du camp et aux arbres de la forêt des couleurs étranges et fantastiques. Le maréchal avait accepté l'invitation qui lui avait été faite; et bientôt l'émotion que sa présence inspirait à cette foule de jeunes et braves officiers, le gagnant lui-même, il parla, et sa parole, électrisant cette vaillante assemblée, alla retentir jusque dans le cœur des derniers soldats de l'armée.

Les généraux et les chefs de corps l'entouraient; et là, dédaignant les formes réglementaires, il leur communiqua, d'une voix à être entendue de deux cents personnes, le plan de la bataille qu'il voulait livrer, et leur expliqua la fameuse *tête de porc,* ordre de combat renouvelé des Macédoniens. C'était net, clair, précis; et, deux jours après, ce qu'il avait prédit se réalisait de point en point, comme le programme d'une fête.

Le 13 août, vers trois heures de l'après-midi, l'armée s'ébranla dans l'ordre de marche prescrit par le gouverneur, et bientôt toute la belle plaine qui s'étend entre Lalla-Maghnia et Ouchda fut couverte de nos troupes. La cavalerie se répandit au loin et fourragea, pendant que l'infanterie continuait sa marche en avant. A l'entrée de la nuit, nous nous arrêtâmes dans une ondulation de la plaine, et la cavalerie nous rallia. Le prologue du drame d'Isly était joué. Les colonnes restèrent dans leur ordre de marche et sans feu; un cordon de vedettes les entoura. Nous mangeâmes notre biscuit et notre viande cuite de la veille, puis nous nous couchâmes au pied des faisceaux, pour profiter des quatre heures de repos qui nous étaient données.

A minuit, on était sur pied, et la marche reprenait sans bruit vers l'Isly, où nous arrivâmes à la pointe du jour. Le passage se fit une première fois sans obstacle; au second coude de la rivière, que nous eûmes à traverser plusieurs fois, les Marocains, accourus en masse de leur camp, vinrent nous attaquer. Nos clairons, qui s'étaient tus jusque-là, commencèrent à sonner. « Allons ! mes enfants, « leur criait le maréchal, la casquette du père « Bugeaud! » L'ordre de marche et de combat fut repris sur la rive ennemie, et la bataille d'Isly commença. Ce fut un ouragan, un tourbillon qui, en moins de deux heures, dissipa l'armée marocaine, emporta son camp et frappa de terreur l'empire de l'Ouest.

Chose à noter à quarante ans de distance : le premier officier d'infanterie qui pénétra dans le camp marocain — déjà traversé par la trombe de cavalerie que menait Yusuf — et qui se coucha sur les coussins de Sidi-Mohamed, fut un sous-lieutenant de voltigeurs du 15ᵉ léger, d'extrême avant-garde avec sa section. Ce sous-lieutenant est aujourd'hui général de division, commandant la 34ᵉ division d'infanterie; c'est l'excellent et brave général Kampf.

CHAPITRE XXIX

Sidi-Brahim. — Le capitaine Dutertre. — Aïn-Témouchent. —
Le lieutenant Marin.

De 1845, époque d'une nouvelle prise d'armes arabe, à 1847, date de la reddition d'Abd-el-Kader, notre frontière de l'Ouest fut le théâtre de scènes dramatiques et lugubres. L'insurrection nous surprit, en quelque sorte, dans une fatale sécurité ; elle éclata par l'assassinat de nos officiers des bureaux arabes ; et les troupes du général Cavaignac, trop peu nombreuses pour faire face de tous les côtés à la fois, durent se multiplier pour courir au plus pressé ici et là, sans trêve ni repos, faisant quelquefois deux marches de nuit consécutives, toujours alertes, toujours prêtes à répondre à l'appel de leur général. Le moindre soldat se rendait compte de la gravité de la situation et des angoisses de son chef, réduit à un bataillon de zouaves, aux 8e et 10e bataillons de chasseurs à pied, aux 15e léger, 41e de ligne et 2e hussards, pour garder cent lieues de frontière et comprimer une insurrection qui avait gagné toutes les tribus sans exception, de manière à ne nous laisser que Tlemcen. C'est bien aussi de cette faible division et de son général qu'on peut dire qu'ils firent des prodiges.

*
* *

Et chaque jour nous apportait une nouvelle douleur. Hier c'était le désastre de Sidi-Brahim ; aujourd'hui c'est celui de Aïn-Témouchent. Abd-el-Kader est partout; la trahison nous environne ; elle se glisse sous la tente du général ; les indigènes de Tlemcen sont eux-mêmes du complot; on tire, la nuit, sur les officiers de ronde ; l'un d'eux est tué.

Quelque glorieux qu'il soit pour les braves qui ont succombé, Sidi-Brahim n'en est pas moins un cruel échec qui eût pu être évité. L'ambition, noble mais irréfléchie, du lieutenant-colonel de Montagnac le causa; et bien qu'il ait payé sa faute de sa vie, le souvenir n'en pèse pas moins sur lui. La pensée, l'espoir même de prendre Abd-el-Kader s'était emparé de son esprit, et il ne fut pas difficile à nos pseudo-alliés, qui connaissaient cette lubie, de la caresser et de conduire le colonel dans un guet-apens habilement préparé par Abd-el-Kader lui-même. « L'émir est tout près d'ici avec quelques cavaliers « seulement, dirent-ils à M. de Montagnac : viens,

« nous te conduirons ; tu le prendras infaillible-
« ment. »

On sait le reste. On sait la résistance et le trépas
héroïque du 8ᵉ bataillon de chasseurs et de l'escadron
du 2ᵉ hussards, la mort de Montagnac, des commandants Froment-Coste et de Cognord, celle de Géraux
avec ses officiers et sa compagnie de carabiniers au
fond d'un ravin où coule un filet d'eau, à deux
cents mètres de Nemours. Sortis du marabout et
ayant heureusement franchi les quelques kilomètres qui les séparaient des hauteurs dominant leur
poste, ils furent assaillis par les habitants de ces
hauteurs et fusillés le long du ruisseau sur lequel ils
s'étaient jetés pour étancher leur soif dévorante.

Quelle fatalité ! Le capitaine du génie qui était
resté à Nemours n'avait qu'à sortir avec une vingtaine d'hommes pour sauver ces braves gens, et il
resta, portes closes, dans l'intérieur des fortifications.

On sait toutes ces grandes et tristes choses, aussi
n'y insisterai-je pas ; mais il est un de ces morts que je
veux honorer particulièrement, parce que son trépas
égale en grandeur et en sublimité celui du chevalier
d'Assas, s'il ne le surpasse.

Le capitaine adjudant-major Dutertre, du 8ᵉ bataillon de chasseurs, blessé sur le plateau de Sidi-Brahim,
avait été ramassé sur le champ de bataille, en même
temps que le commandant Cognord, par les réguliers

de l'émir. Celui-ci, désespérant de venir à bout de la poignée de braves enfermée dans le marabout, se fit amener le capitaine et lui enjoignit d'aller à portée de la voix de ses camarades engager de Géraux à se rendre.

Dutertre écouta froidement les ordres de l'émir, et s'achemina vers le marabout, escorté par quatre cavaliers. Il marcha le front haut, le visage illuminé des célestes clartés du martyre. Arrivé à portée de la voix, il s'écria de toute la force de ses poumons :

« Géraux et vous tous, mes camarades du
« 8° bataillon, on m'envoie vous dire de vous rendre,
« et moi je vous conjure, au nom de l'honneur, de
« résister jusqu'à la mort. Vive le Roi! Vive la
« France! »

Ce dernier mot fut étouffé par la détonation des armes des cavaliers ; le brave Dutertre tombait fusillé ; son âme héroïque allait rejoindre celles des grands martyrs de l'honneur.

*
* *

Si le fatal combat de Sidi-Brahim produisit une douloureuse impression sur l'esprit et le cœur de notre général, cette impression était, du moins, exempte d'amertume; il n'était pour rien dans la faute commise par le colonel Montagnac. Il dut en être autrement à la nouvelle du malheur d'Aïn-Témouchent, malheur entaché de honte, fait excessivement rare dans nos annales militaires, absolument inconnu jusque-là en Afrique : la reddition sans combat de deux cents hommes à l'ennemi. Oui, le général dut en ressentir une cruelle atteinte, car il en avait la responsabilité morale; c'était pour avoir violé les règlements militaires que ce désastre nous atteignait. Qu'on en juge.

Il s'agissait d'envoyer un renfort à Aïn-Témouchent, où notre camarade Safrané, que mes lecteurs connaissent déjà, pouvait être enlevé, malgré ses *charrues* mises en batterie sur ses faibles relèvements de terre. On ramassa ce qu'on put de malingres et de convalescents pour cet objet, on les fit partir la nuit, de manière qu'ils arrivassent à leur destination le lendemain vers dix heures du matin; c'était une première faute. Les marches de nuit étant déjà pénibles pour des hommes valides, celle que l'on faisait faire à ces écloppés devait nécessairement dépasser leurs forces; aussi fut-elle excessivement lente, et le détachement était encore à six kilomètres de sa destination, à l'heure où il eût dû y être arrivé. Ce fut une des causes de sa perte, mais ce ne fut pas la plus grave.

A cette troupe étaient joints deux lieutenants : Marin, du 15ᵉ léger, et Hilaren, du 41ᵉ de ligne; plus un aide-major, M. le docteur Cabasse.

Hilaren était plus ancien de grade que Marin ; c'était donc à lui que revenait le commandement. Le général le donna à Marin. Pourquoi? Par quelle fatalité le règlement fut-il ainsi violé?... Parce que le général ne connaissait pas Hilaren, tandis qu'il avait eu longtemps Marin sous ses ordres.

Marin avait fait sa carrière aux zouaves ; nommé sous-lieutenant au 15° léger, il était entré dans ce régiment avec l'excellente réputation qu'il avait dans son ancien corps, et l'y avait jusque-là maintenue. La conduite du détachement était une opération délicate ; Marin avait fait ses preuves; on lui sacrifia Hilaren, en quelque sorte nouveau venu en Afrique.

Arrivé, non sans peine, à un piton où s'élèvent deux marabouts à moitié ruinés et d'où l'on découvre Aïn-Temouchent à quatre ou cinq kilomètres, Marin arrête son détachement pour lui faire faire le café. Pendant cette opération, une troupe nombreuse de cavaliers arabes paraît, conduite par Abd-el-Kader, qui, renonçant à toute entreprise sur le poste gardé par Safrané, reprenait la route de l'ouest, sans se douter de la rencontre qu'il allait faire et du succès que le hasard lui ménageait. Il allait passer outre et au large, peu soucieux d'engager un combat où il eût perdu ses meilleurs cavaliers, déjà fortement éprouvés au marabout de Sidi-Brahim, lorsqu'il voit venir à lui un homme seul, un officier, Marin, qui lui déclare se rendre avec sa troupe. La cavalerie enveloppe immédiatement ces deux cents malheureux, les désarme et les emmène comme un troupeau de moutons. On sait leur triste fin : après quatre mois de dure captivité et de courses sans fin, ils furent égorgés pendant la nuit par les ordres de Ben-Thami, kalifa de l'émir, avec l'assentiment d'Abd-el-Kader lui-même. Les officiers furent épargnés, pour nous être rendus plus tard contre rançon.

J'ai revu Marin à Nemours, lorsque nos camarades rachetés y arrivèrent sur une balancelle espagnole qui les avait reçus des mains des Arabes. Pendant les fêtes que nous donnions à ces chers libérés, je visitai ce camarade des jours heureux, aujourd'hui seul sous une tente, triste, morne, abattu, entendant, les yeux pleins de larmes amères, les cris et les chants d'allégresse qui retentissaient au banquet fraternel dressé à quelques mètres de lui.

Quelles consolations pouvais-je lui donner? quelles explications pouvais-je en recevoir?... La fatalité!... C'est par la fatalité qu'au lieu de continuer sa marche sur Aïn-Témouchent qu'il est près d'atteindre, Marin s'arrête et perd un temps précieux dans une halte inutile.

L'endroit où cette halte avait lieu est des plus propices à la défense; les vieux marabouts, leur position dominante offrent des moyens puissants de résistance, on n'essaye même pas de les mettre à profit.

Enfin, ni Hilaren, ni le docteur, ni aucun de ces deux cents hommes ne songe à casser la tête à Marin.

La fatigue, l'insomnie, la marche de nuit avaient-elles paralysé ses facultés ou altéré sa raison? Il ne le savait pas lui-même; mais personne ne crut à une lâcheté, parce que tout le monde le savait brave. Un conseil de guerre le condamna à la peine de mort; sa peine fut commuée, et jamais plus je n'ai entendu parler de lui.

CHAPITRE XXX

Sid-el-Fadel. — Le sous-lieutenant Thévenin. — Reddition d'Abd-el-Kader. — Le lieutenant Ben-Konia.

A peine Abd-el-Kader était-il refoulé dans le Maroc, que surgit un *maître de l'heure*. On sait que cette espèce pullule sur la terre de l'ignorance et du fanatisme. Le nouveau venu s'appelait Mohamed-ben-Abdalah, et était universellement connu sous le nom de Sid-el-Fadel. D'où venait-il? Personne n'en savait rien; mais il s'avançait sur Tlemcen à la tête d'un millier de cavaliers des Angads, que grossissaient chaque jour ceux des tribus qu'il traversait. Le talisman à l'aide duquel il devait tous nous exterminer était une flûte en roseau, grossièrement faite comme toutes celles des Arabes. Au son de son instrument, nos sabres devaient se briser, et nos fusils lancer de l'eau au lieu de balles. Pas un Arabe qui n'en fût convaincu, même à Tlemcen.

Sid-el-Fadel se fit précéder d'une lettre au général Cavaignac. Elle est si originale que je crois bon de la rapporter :

« Louanges au Dieu unique ! Personne ne lui est
« associé. Du serviteur de son Dieu, Mohamed-ben-
« Abdalah, au chef français. Salut sur quiconque
« suit la vraie voie.

« Sachez que Dieu m'a envoyé vers vous et vers
« tous ceux qui sont dans l'erreur sur la terre. Je
« vous dis que Dieu m'a ordonné de dire : Il n'y a
« d'autre Dieu que Dieu, et Mahomet est son pro-
« phète; n'admettez pas d'autre religion que l'isla-
« misme.

« Le Très-Haut dit : Dieu n'admet que la religion
« musulmane. Si vous dites : « Nous sommes dans
« le vrai, et nous n'avons pas besoin de Mohamed,
« le Très-Haut a dit, et son dire est vrai : Que le Juif
« dise au chrétien qu'il est athée et réciproquement ;
« la vérité pour les deux sert de témoignage en
« faveur de Mohamed.

« Cessez de commettre l'injustice et le désordre ;
« Dieu ne l'aime pas. Sachez qu'il m'a envoyé pour
« que vous vous soumettiez. Ainsi, il a dit : Sou-
« mettez-vous à moi et à mon envoyé.

« Vous savez qu'il doit venir un homme qui
« régnera à la fin des temps ; cet homme, c'est moi,
« envoyé de Dieu et choisi parmi les plus saints de
« la suite du Prophète. Je suis l'image de celui qui
« est sorti du souffle de Dieu. Je suis l'image de
« Notre-Seigneur Jésus ; je suis Jésus le ressuscité,

« ainsi que tout le monde le sait, croyant à Dieu et
« à son prophète.

« Si vous ne croyez pas les paroles que je vous dis
« en son nom, vous vous en repentirez, aussi sûr
« comme il y a un Dieu au ciel, qui a le pouvoir de
« tout faire.

« Salut. »

Nous savons bien que les musulmans connaissent et vénèrent Jésus et Marie, mais c'est la première fois que nous voyons le premier de ces saints noms évoqué dans un document qu'on peut qualifier d'officiel.

En toute autre circonstance, le général n'eût fait que rire de ce langage mystique et de l'ultimatum qui l'accompagnait, lui donnant vingt-quatre heures pour quitter Tlemcen et huit jours pour s'embarquer à Oran avec tous les *Roumi* (chrétiens); mais il apprit que l'envoyé de Sid-el-Fadel, non content de lui remettre la lettre de son maître, en avait fait plusieurs copies pour les membres de la Djemah, déjà fortement ébranlés. Il y avait là espionnage et embauchage, et, partant, motif de frapper un coup vigoureux sur l'esprit des Arabes. L'ambassadeur de Sid-el-Fadel fut saisi, promené dans la ville, arrêté à tous les carrefours, où lecture était faite de la sentence qui le condamnait à mort, et, finalement, pendu à une des pièces de canon du Méchouar, braquées sur la ville.

* * *

Une heure après cette exécution, nous allions au-devant de Sid-el-Fadel qu'on savait en marche sur Tlemcen. La colonne se composait de notre bataillon de zouaves, du 10ᵉ bataillon de chasseurs, de deux bataillons du 15ᵉ léger, du 2ᵉ hussards, de quatre-vingts spahis et d'une section d'artillerie de montagne.

Nous n'eûmes pas loin à aller pour rencontrer l'ennemi, nous le trouvâmes à six kilomètres de la ville, sur le plateau de Ternit qui la domine. Huit cents cavaliers étaient rangés en bataille, ayant au centre douze cents fantassins agglomérés en une masse qui avait la prétention de simuler un carré. Leurs drapeaux flottaient au vent.

Le général avait tellement peur de voir les Arabes lui échapper, qu'il n'attendit pas d'avoir toutes ses troupes sous la main pour commencer l'action. En même temps que le 15ᵉ léger tournait l'ennemi par sa droite, pour l'empêcher de se jeter dans la montagne, le 2ᵉ hussards — colonel Gagnon — se formait en échelons par escadrons. Au commandement du général, les spahis et les Kialas, conduits par le commandant Bazaine, chef du bureau arabe, s'élancèrent sur la cavalerie arabe, et les hussards chargèrent les fantassins. Ceux-ci, confiants dans les promesses de Sid-el-Fadel, attendirent la charge et n'ouvrirent leur feu qu'à portée de pistolet. Notre premier échelon fut assez maltraité ; mais le second pénétra dans la masse, qui s'enfuit en laissant une centaine de cadavres sur le terrain. Cette fuite permit au général de diriger le troisième échelon sur la cavalerie arabe, qui, vu sa grande supériorité numérique, tenait en échec les cent chevaux du commandant Bazaine. Ce renfort décida de l'action; les cavaliers tournèrent bride, nous abandonnant une vingtaine de morts, un certain nombre de chevaux et trois drapeaux.

Ici se place un épisode émouvant en vue duquel j'ai raconté brièvement le combat de Ternit dont, vu son importance secondaire, je n'aurais probablement pas fait mention. C'est la mort du brave et charmant Thévenin, sous-lieutenant de hussards.

Thévenin s'était promis de prendre un drapeau et avait annoncé, la veille même, cette résolution à ses camarades. La fortune sembla lui sourire et lui amener son drapeau dès le commencement du combat. Un Arabe, porte-étendard, se détacha de la masse et vint caracoler, en forme de défi, devant nos escadrons de pied ferme encore, absolument comme un preux de la vieille chevalerie.

Thévenin le guette, et, dès qu'il le peut, il pousse droit sur lui, le pistolet au poing. L'Arabe ne l'attend pas et s'enfuit, poursuivi par son adversaire qui le gagne de vitesse et finit par le joindre. Tous les yeux sont fixés sur eux, on voit notre camarade appliquer son pistolet sur les reins de l'Arabe; mais pas de fumée, pas de détonation... Son pistolet a raté! Alors, avant qu'il ait pu prendre son sabre, il reçoit une balle à bout portant et il meurt.

Je vis son cadavre, une heure après, étendu sur l'herbe au pied d'un chêne; il portait sur son visage l'expression du triomphe, sa bouche avait conservé le sourire qui devait l'animer au moment où il étendait la main pour saisir SON DRAPEAU. Du reste, j'ai toujours observé que les morts du champ de bataille gardent sur leur physionomie l'expression qu'elle avait au moment où ils étaient frappés.

Thévenin fut très-vivement regretté; il était le seul officier tué dans ce combat, comme le capitaine adjudant-major Ollier, des hussards, était le seul blessé. Notre perte en chevaux fut relativement considérable; le cheval du colonel Gagnon tomba criblé de balles, à dix pas des fantassins; mais son cavalier sauta prestement sur une autre monture et continua la charge.

Ainsi, à une heure nous quittions Tlemcen; à trois nous rencontrions l'ennemi; à quatre tout était fini. Sid-el-Fadel, l'homme à la flûte, avait disparu, et oncques nous n'entendîmes plus parler de lui. Peut-être fut-il tué par ceux qui, la veille, marchaient au son de son instrument.

*
* *

Le grand événement de 1847 fut la reddition d'Abd-el-Kader. Ce n'est pas, à proprement parler, un fait militaire; mais l'opinion publique est tellement indécise à son sujet, il en a été fait tant de légendes, que je crois utile de leur opposer l'histoire. Les uns ont fait Abd-el-Kader se rendre au général de Lamoricière; les autres au duc d'Aumale; ceux-ci au colonel de Mac Mahon; ceux-là au colonel de Montauban. Ces illustres personnages ont bien reçu successivement l'émir soumis et désarmé, mais l'honneur de sa reddition appartient à un simple lieutenant de spahis, nommé Mohamed-ben-Konia.

Lorsque, traqué par les troupes de l'empereur du Maroc, ayant perdu ses plus fidèles serviteurs au passage de la Malouïa, privé de sa Deïra, déjà notre prisonnière, Abd-el-Kader errait avec une douzaine de cavaliers entre la colonne Lamoricière et la cavalerie marocaine, il donna, le 22 décembre, à trois heures du matin, dans un poste de vingt spahis, commandé par Ben-Konia et placé au col de Kerbous par notre général, attentif à garder tous les passages.

L'émir pouvait encore chercher une autre issue, la trouver, rejoindre des tribus fidèles qui l'attendaient pour lui donner asile, et tenter, avec elles, de ressaisir la puissance. Il ne le fit pas. Rassuré, en reconnaissant des spahis, préférant tomber entre les mains des chrétiens que dans celles de ses coreligionnaires, il entra en pourparler avec leur officier, lui demandant de lui servir d'intermédiaire auprès du général pour traiter de sa reddition. Il sollicitait l'aman et demandait à être conduit, avec sa famille, en Égypte ou en Syrie.

La nuit et la pluie ne lui permettant pas d'écrire, il apposa sur un papier blanc l'empreinte de son cachet, et le remit à Ben-Konia comme confirmation des pouvoirs qu'il lui donnait.

Le général Lamoricière, déjà prévenu, s'était mis immédiatement en marche. De même que l'émir, il ne pouvait écrire. Il remit à Ben-Konia, pour l'accréditer auprès d'Abd-el-Kader, comme avait fait celui-ci à son égard, son sabre et le cachet du bureau arabe de Tlemcen, que le commandant Bazaine portait sur lui. Ben-Konia retourna sur ses pas; le général poursuivit sa route, et reçut, chemin faisant, les chefs de la Deïra et de la cavalerie qui venaient se remettre à sa discrétion.

Rendez-vous fut pris pour le lendemain, 23, au marabout de Sidi-Brahim. L'émir y fut reçu avec les honneurs militaires par le colonel Montauban à la tête de son régiment, le 2° chasseurs, et escorté jusqu'à Nemours, où s'était rendu le duc d'Aumale, gouverneur général.

Là fut consommé l'acte de la reddition, avec la solennité que comportait un pareil événement.

Ainsi, Abd-el-Kader avait été reçu par le général Lamoricière, accompagné par le colonel Montauban, admis en grâce par le duc d'Aumale; mais il s'était rendu au lieutenant des spahis, Mohamed-ben-Konia.

*
* *

Et maintenant, je vous salue, ombres valeureuses et bien-aimées, qui m'avez initié au métier des armes, en m'enseignant la fermeté dans les dangers, la constance dans les fatigues et les privations, la sérénité devant la mort.

J'ai religieusement gardé votre souvenir et le respect de vos traditions.

En retraçant votre noble vie et votre mort glorieuse, je secouais le poids de mes années, je me redressais comme sous les boulets de Constantine et les balles de la Kabylie; je revivais notre belle jeunesse, alors qu'au début d'une journée de poudre, d'un geste, d'un regard, par une étreinte de nos mains, nous nous disions : Au revoir! et que, le soir, au bivouac, nous nous embrassions comme des frères, en donnant un regret, un adieu suprême à ceux qui manquaient à l'appel.

Si tous vos noms ne figurent pas dans ce récit, c'est qu'ils étaient trop nombreux pour les dimensions de mon livre. Mais, pour être incomplète aujourd'hui, mon œuvre n'est pas abandonnée; je sens, là, que je l'achèverai un jour.

J'élargirai mon cadre, j'agrandirai le tableau, pour que tous les héroïsmes y trouvent une place, et que nos braves camarades de la jeune armée y rencontrent, dans toutes les circonstances de leur carrière, des exemples à suivre et des modèles à imiter.

FIN.

TABLE DES MATIÈRES

CHAPITRE PREMIER

Mes débuts. — Le 2ᵉ léger. — Les officiers. — Les sous-officiers. — La chambrée. — L'exercice. 1

CHAPITRE II

Avancement. — Le capitaine Changarnier. — Le lieutenant Forey. — Mes sergents. 8

CHAPITRE III

La montre du sergent Berthalay. 15

CHAPITRE IV

Le sergent Mongeot. 21

CHAPITRE V

La discipline. — Les duels. — Les duellistes. 30

CHAPITRE VI

Le duel émigre au journalisme. — M. Changarnier duelliste. — Combat d'Oued-Lalegh. 37

CHAPITRE VII

En Afrique. — Le duc d'Orléans. — Le maréchal Clausel. — Yusuf. — Lamoricière. — Combat du Sig. — M. de Bourgon. M. Plantier. — Le chasseur Hortet. 46

CHAPITRE VIII

Tlemcen. — Le bataillon du Méchouar. — Cavaignac. — Le lion des zouaves. — Les voleurs arabes. — Les embuscades. . 55

CHAPITRE IX

La légion étrangère. — Le lieutenant Petit. — Les grenadiers du 63e. — Yusuf. 64

CHAPITRE X

Nos *chapardeurs*. — Les zéphyrs. — Les rats à trompe. — La salle de police vendue. — Hé! François! — Les zouaves. — Le mulet du *mercanti*. — Les tonneaux de vin. 70

CHAPITRE XI

Au col des Mouzaïah. — Le voltigeur Arpajon. — Le commandant de Lamoricière sauve le lieutenant Bro. 81

CHAPITRE XII

Première expédition de Constantine. — Le maréchal Clausel. — Le duc de Nemours. — Le carabinier Mouramble. — Les blessés. — Le carré du 2e léger. 88

CHAPITRE XIII

Le général de Rigny. — Retraite. — Contrastes. — Disgrâce du maréchal Clausel. 98

CHAPITRE XIV

Deuxième expédition de Constantine. — Le général Danrémont. — Le duc de Nemours. — Les capitaines de Ladmirault et Tixador. — Les capitaines de Garderens et Leflo. — Pressentiments. — Le colonel Combes. — Le fourrier Boluix. 105

CHAPITRE XV

Le colonel de Schombourg — Les Bibans. 115

CHAPITRE XVI

Les spahis. — Le colonel Marey-Monge, le lieutenant Vergès. — Le brigadier Moncel. 125

CHAPITRE XVII

Les chasseurs d'Afrique. — Leurs colonels. — Le trompette Escoffier. — Le capitaine Yusuf à la Casbah de Bône. 134

CHAPITRE XVIII

1839 et 1840. — Massacre des colons. — Le maréchal Valée chansonné. — Prise du col des Mouzaïah. — Le duc d'Orléans. — Le duc d'Aumale. — Les lieutenants de Guyon, Goyon de Beaucorps, Destrée et Massot 143

CHAPITRE XIX

Au bois des Oliviers. — Un Français contre deux réguliers. — Le général Bugeaud. — La gendarmerie au combat du Chélif. 154

CHAPITRE XX

Le drapeau des zouaves. — Nos succès en 1841. — Changarnier à l'Oued-Feddah. — Le système du général Bugeaud. — Constance de l'armée dans les fatigues et les souffrances. 162

CHAPITRE XXI

Le duc d'Aumale et la Smalah. — Lamoricière à Djedda. — Mort de Mustapha-Ben-Ismaïl. 171

CHAPITRE XXII

Les capitaines Daumas et Favart à Sidi-Rached. — Le sergent Blandan à Mered. 183

CHAPITRE XXIII

Le duc d'Aumale dans la division de Constantine. — Méchoumèche. — Le duc de Montpensier. — Le capitaine Espinasse. — Biskara. — Les turcos. 191

CHAPITRE XXIV

La Grande Kabylie. — Le maréchal à Ouarès-Eddin. — Le capitaine Corréard. — Le zouave Guichard. 200

CHAPITRE XXV

La division de Tlemcen. — Bedeau. — Cavaignac. — Le 2ᵉ bataillon de zouaves — ses commandants — ses officiers. . . . 209

CHAPITRE XXVI

Le commandant T... — Les capitaines. — Le cheval de Malafosse. Les ruses de Safrané................ 220

CHAPITRE XXVII

Les officiers des bureaux arabes. — Beauprêtre....... 233

CHAPITRE XXVIII

Suite du précédent. — Isly................ 244

CHAPITRE XXIX

Sidi-Brahim. — Le capitaine Dutertre. — Aïn-Trémouchent. — Le lieutenant Marin................. 254

CHAPITRE XXX

Sid el-Fadel. — Le sous-lieutenant Thévenin. — Reddition d'Abd-el-Kader. — Le lieutenant Ben-Konia........ 262

FIN DE LA TABLE DES MATIÈRES.

PARIS. TYPOGRAPHIE DE E. PLON, NOURRIT ET Cⁱᵉ, RUE GARANCIÈRE, 8.

www.ingramcontent.com/pod-product-compliance
Lightning Source LLC
Chambersburg PA
CBHW050634170426
43200CB00008B/1016